# VOUS ET VOTRE HUSKY

**Couverture**

- Maquette: DANIEL JALBERT
- Illustration: ANNIK LAFRENIÈRE
- Photos: BERNARD PETIT

Le Husky sibérien "NOUK" du chenil NISKA appartient à Daniel XENOS.

Nous remercions également l'entraîneur Daniel XENOS pour toutes les informations qu'il a fournies.

**Maquette intérieure**

- Conception graphique: ANDRÉ LALIBERTÉ
- Photos:
  — François LABERGE pour le Husky appartenant à Daniel XENOS.
  — Arlette SINQUIN pour les Huskys TAIGA et ORLOPH appartenant à Arlette SINQUIN .

DISTRIBUTEURS EXCLUSIFS:

- Pour le Canada:
  **AGENCE DE DISTRIBUTION POPULAIRE INC.***
  955, rue Amherst, Montréal H2L 3K4 (tél.: 514-523-1182)
  Télécopieur: (514) 521-4434
  * Filiale de Sogides Ltée
- Pour la France et l'Afrique:
  **INTER FORUM**
  13, rue de la Glacière, 75013 Paris (tél.: (1) 43-37-11-80)
  Télécopieur: 43-31-88-15
- Pour la Belgique, le Portugal et les pays de l'Est:
  **S. A. VANDER**
  Avenue des Volontaires, 321, 1150 Bruxelles
  (tél.: (32-2) 762.98.04)
  Télécopieur: (2) 762-06.62
- Pour la Suisse:
  **TRANSAT S.A.**
  Route des Jeunes, 19, C.P. 125, 1211 Genève 26
  (tél.: (42-22) 42.77.40)
  Fax: (22) 43.46.46

---



*Bibliothèque nationale du Québec*
*Dépôt légal — 3e trimestre 1985*
ISBN 2-7619-0515-6

# VOUS ET VOTRE HUSKY

MARTIN EYLAT

Collection "Nos animaux"
dirigée par
Odette Eylat

LES ÉDITIONS DE L'HOMME*
CANADA: 955, rue Amherst, Montréal H2L 3K4

*Division de Sogides Ltée

**Données de catalogage avant publication (Canada)**

Eylat, Martin

Vous et votre husky

(Collection Nos animaux)

2-7619-0532-6

1. Huskies de Sibérie I. Titre. II. Collection.

SF429S65E94 1985 636.7'3 C85-094100-8

## À PARAÎTRE:

Vous et votre Cocker américain
Vous et votre Beagle
Vous et votre Dalmatien

## DÉJÀ PARUS:

Vous et vos oiseaux de compagnie
Vous et vos poissons d'aquarium
Vous et votre Berger allemand
Vous et votre Caniche
Vous et votre chat de gouttière
Vous et votre Chow-Chow
Vous et votre Husky
Vous et votre Labrador
Vous et votre Boxer
Vous et votre Doberman
Vous et votre Persan
Vous et votre Setter anglais
Vous et votre Siamois
Vous et votre Yorkshire
Vous et votre Fox-terrier
Vous et votre Schnauzer
Vous et votre Collie
Vous et votre petit rongeur

# La carte d'identité

# Ses origines

Le nom du Husky lui vient de sa voix rauque (le mot "husky" signifie enroué): en effet le Husky hurle ou grogne plus qu'il n'aboie. Il est originaire de la Sibérie, plus précisément de la région du fleuve Kolyma, d'où son véritable nom: le *Siberian Husky* (le Husky sibérien). Les premiers standards de la race du Husky ont été fixés par les Tchetchis, une tribu nomade d'Esquimaux. Il semblerait que le Husky, le Malamute d'Alaska et le Samoyède aient un ancêtre commun: le Tomarctus préhistorique. Dans les régions nordiques, les Esquimaux utilisaient ces chiens pour tirer leurs traîneaux, pour porter de lourdes charges et pour les aider dans leurs chasses.

Ce n'est qu'au début du XXe siècle que le Husky fut importé au Canada par un marchand de fourrures qui désirait en faire un concurrent du Malamute d'Alaska dans les courses de traîneaux. Étonné par les exploits et la beauté du Husky, un Écossais se rendit en Sibérie et en rapporta une soixantaine. Ce sont ces chiens qui sont à l'origine du développement de cette race au Canada, aux États-Unis et en Europe.

Bien des gens confondent le Husky et le Malamute d'Alaska; ils sont pourtant différents. Les oreilles du Husky sont plus longues et plus rapprochées que celles du Malamute. Le Malamute est plus grand, plus trapu et plus gros que le Husky: il pèse environ 12 à 15 kilos (25 à 35 livres) de plus.

Le Husky est un chien docile, affectueux et très doux. Cependant, il n'a pas perdu toutes les caractéristiques de son ancêtre, le loup, et il peut devenir très nerveux lorsqu'on l'excite. Il faut donc toujours lui témoigner de l'affection et surtout être très patient. Il s'agit d'un chien très intelligent et son dressage ne devrait pas susciter de difficultés particulières. Malicieux et joueur, il est un excellent compagnon pour les enfants: contrairement à ce qu'on a déjà raconté sur lui, il ne s'agit pas d'un chien violent; il est incapable de faire du mal à qui que ce soit.

Bien qu'il soit taillé pour l'effort et le travail, le Husky peut aussi être un excellent chien de compagnie.

# Les standards du Husky

## Le corps

Le Husky est un chien de taille moyenne doté d'une fourrure épaisse. Il est gracieux et vigoureux. Son allure légèrement massive et sa fourrure fournie rappellent ses origines nordiques. Sa solide constitution traduisent la force, la rapidité et l'endurance. Le corps du Husky femelle est un peu moins robuste que celui du Husky mâle.

## Le poids

Le poids du Husky mâle varie entre 20 et 27 kilos (45 à 60 livres); celui de la femelle varie entre 15 et 22 kilos (35 à 50 livres).

## La tête

Le dessus de la tête est légèrement arrondi et s'effile graduellement vers les yeux. Le museau est de longueur moyenne. La distance de l'extrémité du nez jusqu'à sa racine est égale à la distance de la racine du nez à l'occiput. Les lèvres sont serrées et foncées. La dentition est en ciseaux et les mâchoires sont fortes.

## Les yeux

Les yeux sont obliques et leur expression est distante mais amicale. Ils ont toujours l'air de s'intéresser à quelque chose. Ils peuvent être bleus ou marron. Certains Huskys ont un oeil bleu et un oeil marron: il ne faut pas considérer cela comme un défaut de la race. Même un oeil ayant deux couleurs est accepté.

## Le cou

Le cou est puissant, court et assez arqué.

## Les oreilles

De grandeur moyenne elles sont de forme triangulaire et sont placées haut sur la tête. Elles sont droites et un rien arrondies. La fourrure sur les oreilles est abondante.

## La queue

La queue est bien fournie et portée au-dessus du dos. Elle est en faucille quand le chien court et elle est pendante lorsqu'il travaille et qu'il est au repos.

## Les membres

Les membres postérieurs sont vigoureux et bien coudés. Les membres antérieurs sont bien musclés et d'aplomb. Il faudra enlever les ergots, s'il y en a. Les grassets sont bien courbés.

## Les pieds

Les pieds sont ovales mais pas longs. Ils sont compacts et bien fourrés entre les doigts, ce qui l'aide énormément à marcher dans la neige et sur la glace. Les soles sont bien résistantes et rembourrées.

## Le poil

Le sous-poil est dense et duveteux. Le poil est très épais, doux et lisse. Sa longueur est moyenne. Il peut être de plusieurs couleurs et elles sont toutes permises: les couleurs les plus habituelles sont le blanc, le gris argenté, le roux, le noir ainsi que le gris-roux et le gris-fer, deux couleurs semblables à celle de la robe du loup qui est probablement l'ancêtre du Husky.

## Les traits de caractère

### *SES QUALITÉS*

Posséder un Husky est source de joie et de bonheur. Ses principales caractéristiques sont son sens de l'amitié et sa gentillesse. Il est alerte et remuant. Il se tient sur la réserve et comme nous l'avons déjà dit, il a un air distant et plein de dignité. Son intelligence et sa docilité en font un compagnon très agréable. Sa disposition au travail n'est pas la moindre de ses qualités. Bien qu'il appartienne au groupe des chiens de garde, il n'en a pas les qualités: il ne suspecte pas facilement les inconnus et n'est nullement agressif envers les autres chiens. Si vous êtes son premier maître, c'est-à-dire son chef de meute, il vous accordera, de tout son coeur et pour la vie, sa fidélité.

## *SES DÉFAUTS*

Le Husky peut développer certains défauts au cours d'un mauvais dressage. Suivez attentivement les leçons de dressage et conformez-vous aux instructions qui vous sont données: vous vous éviterez des surprises désagréables. Quand vous déciderez de devenir le propriétaire d'un Husky, vous devez prendre garde à certains détails. La première chose à faire est de remarquer le chiot qui vous aura choisi et si vous vous sentez également attiré par lui de le choisir à votre tour. Vérifiez si sa tête n'est pas trop lourde et son museau trop massif. Les oreilles et les yeux ne doivent pas présenter d'écoulement suspect. Son corps doit avoir des muscles solides et son pelage être propre. Bien que cela soit rare, soulevez les poils pour être certain que sa peau est totalement dépourvue de parasites et de squames. Les oreilles ne devront pas être trop grandes. Les pieds ne doivent pas être doux et évasés. Il est préférable d'emmener le chiot chez le vétérinaire avant de l'acheter. N'oubliez pas d'être clair à ce sujet avec le vendeur de façon à ce que, si le vétérinaire ne vous conseille pas l'achat de ce chiot, pour des raisons de santé ou de pureté de race, vous puissiez rendre le chiot au vendeur qui devra vous rendre votre argent. Bien que déçu, vous devrez prendre votre courage à deux mains et recommencer à chercher le chiot qui deviendra votre compagnon.

Sachez qu'un Husky est très remuant et souvent nerveux. Son air distant ne doit pas vous désespérer: il vous aimera. Il est conseillé d'adopter un couple: ils seront follement heureux et vous procureront des joies auxquelles vous ne vous attendiez pas.

***La Fédération cynologique internationale*** (14, rue Léopold-II, 6530 Thuin, Belgique), qui regroupe les sociétés nationales canines de la plupart des pays européens, a établi une classification des races de chiens afin de faciliter l'organisation des expositions et des concours.

Cette classification comporte dix groupes; le Husky appartient au deuxième groupe, celui des chiens de garde, de protection et de trait.

En voici, d'ailleurs, la liste:

| | |
|---|---|
| 1er groupe: | chiens de berger |
| 2e groupe: | chiens de garde, de protection et de trait |
| 3e groupe: | terriers |
| 4e groupe: | teckels |
| 5e groupe: | chiens courants pour gros gibier |
| 6e groupe: | chiens courants pour petit gibier |
| 7e groupe: | chiens d'arrêt, sauf les races britanniques |
| 8e groupe: | chiens de race britannique |
| 9e groupe: | chiens d'agrément ou de compagnie |
| 10e groupe: | lévriers |

Le deuxième groupe, les chiens de garde, de protection et de trait, auquel appartient le Husky (dans la section des chiens de trait), est composé des chiens suivants:

**a. Chiens de garde et de protection**

Rottweiller (Bouvier allemand)
Hovawart
Doberman
Boxer
Schnauzer géant
Dogue allemand
Dogue de Bordeaux
Mastiff (Dogue anglais)
Bulldog
Schnauzer moyen
Pinscher moyen
Montagne des Pyrénées
Saint-Bernard
Terre-Neuve
Lansdseer
Léonberg

**b. Chiens de trait**

Samoyède
Esquimau (Chien du Groenland)
Alaskan Malamute (Malamute d'Alaska)
Siberian Husky (Husky sibérien)
Finnish Spitz
Spitz Loup (ex-Keeshond)

Grand Spitz (Grosspitz)
Elkhound
Akita Inu
Bouvier suisse

Le système de classification américain, présenté par l'***American Kennel Club***, est accepté par les U.S.A., le Canada, le Mexique et tout le continent sud-américain. La classification est divisée en six groupes:

Les chiens de chasse
Les chiens courants
Les terriers
Les chiens de travail
Les chiens d'agrément
Les chiens miniatures

Notre Husky appartient au groupe des chiens de travail:

Akita
Berger allemand
Berger belge
Berger des Pyrénées
Bernois
Bouviers des Flandres
Boxer
Briard (Berger de Brie)
Bull Mastiff
Cardigan Welsh Corgi
Collie
Collie à poil court

Danois
Doberman-Pinscher
Husky
Komondor (Bouvier hongrois)
Kuwatz
Malamute d'Alaska
Malinois belge
Mastiff
Pembroke Welsh Corgi
Puli (Berger hongrois)
Rottweiller (Bouvier allemand)
Saint-Bernard
Samoyède
Schnauzer
Schnauzer géant
Shetland Sheepdog
Terre-Neuve
Tervueren (Berger belge)

# La bonne réponse

Le Husky est malicieux et bien moins féroce que son aspect rappelant celui du loup le laisserait croire.

# Sa nourriture

Le Husky, comme d'ailleurs tous les autres chiens, mange de tout. En effet, si à l'origine le chien était carnivore, sa domestication l'a rendu omnivore, c'est-à-dire qu'il peut maintenant manger aussi bien de la viande que n'importe quel autre aliment. Cela ne signifie pas qu'il n'ait pas de préférences. Il peut se contenter d'une alimentation en conserve mais préfère, tout comme l'homme, un régime alimentaire plus varié et plus soigné.

Le régime alimentaire d'un Husky doit tenir compte de certaines de ses particularités. Si vous le faites jeûner de temps à autre, cela ne peut que lui être bénéfique car il est d'un naturel glouton. N'oubliez pas qu'un Husky a tendance à avoir la diarrhée et qu'il faut éviter de lui donner certains aliments qui peuvent provoquer ce malaise: consultez un vétérinaire qui vous renseignera à ce sujet. Il est aussi conseillé de lui donner une boîte de sardines par semaine: cela est excellent pour son poil.

Lors du choix de ses aliments, vous devez toujours veiller à ce que son alimentation soit équilibrée en tenant compte de son âge, de son état (gestation, lactation, etc.), des conditions climatiques et des efforts qu'il fournit.

Bien qu'il vive en milieu civilisé, le Husky a gardé l'habitude d'enterrer sa nourriture. Ne vous inquiétez pas, cela est normal. Après quelques jours, une fois qu'elle sera pourrie, il la déterrera puis la mangera. Cette habitude rend la nourriture plus facile à digérer.

## Comment nourrir un Husky?

***Jusqu'au 22e jour*** environ, un chiot est nourri exclusivement par la chienne. Ce n'est qu'après que vous ajouterez un peu de lait à sa nourriture.

***À six semaines***, ajoutez à son alimentation: des bouillies à base de pain ou de viande hachée et, sur avis de votre vétérinaire, des vitamines. Néanmoins la principale source d'alimentation, à cet âge, demeure l'allaitement maternel qu'il ne faudra pas interrompre. Sachez qu'une chienne de grande taille produit de 60 à 100 kg (130 à 120 lb) de lait en six semaines.

***Le sevrage*** commence à deux mois. Le chiot doit s'habituer progressivement à accepter une nourriture plus solide, alors donnez-lui:

1. Le matin, un peu de lait, 5 millilitres (1 c. à thé) de lactose, une tranche de pain grillé et 5 millilitres (1 c. à thé) d'huile de foie de morue phosphorée (sur avis de votre vétérinaire).

2. Au dîner, 60 grammes (1/4 tasse) de viande crue hachée, de préférence de boeuf maigre (préparez de petites boulettes que vous donnerez au chiot l'une après l'autre).
3. Dans l'après-midi, un peu de lait mélangé à 5 millilitres (1 c. à thé) de lactose.
4. Au souper, 60 grammes (1/4 tasse) de viande hachée crue, un biscuit pour chien et un peu de verdure remplacée à l'occasion par du riz.
5. Avant son coucher, un peu de lait tiède, s'il en montre l'envie.

***À trois mois***:

1. Le matin, du pain grillé, des biscuits en plus grande quantité et 225 millilitres (1 tasse) de lait enrichi de lactose.
2. Au dîner, 80 grammes (1/3 tasse) de boeuf haché cru et 5 millilitres (1 c. à thé) d'huile de foie de morue (sur avis de votre vétérinaire).
3. Dans l'après-midi, 80 grammes (1/3 tasse) de boeuf haché cru, du pain grillé ou des biscuits ainsi que 30 millilitres (2 c. à table) de riz bouilli ou de légumes cuits.

***À quatre mois***:

1. Le matin, 225 millilitres (1 tasse) de lait enrichi de lactose, plusieurs tranches de pain grillé ou des biscuits et 5 millilitres (1 c. à thé) d'huile de foie de morue (sur avis de votre vétérinaire).

2. Au dîner, 80 grammes (1/3 tasse) de boeuf haché cru ainsi que quelques cuillerées à soupe (cuillerées à table) de riz ou de légumes cuits et trois tranches de pain grillé.
3. Dans l'après-midi, 80 grammes (1/3 tasse) de boeuf haché cru.
4. Au souper, 225 millilitres (1 tasse) de lait enrichi de lactose et 15 millilitres (1 c. à table) d'huile de foie de morue (sur avis de votre vétérinaire).

***À cinq mois***:

1. Le matin, 225 millilitres (1 tasse) de lait enrichi de lactose, plusieurs tranches de pain grillé ou des biscuits pour chien et 5 millilitres (1 c. à thé) d'huile de foie de morue (sur avis de votre vétérinaire).
2. Au dîner, environ 80 grammes (1/3 tasse) de boeuf haché cru.
3. L'après-midi, environ 160 grammes (2/3 tasse) de boeuf haché cru, du pain grillé ou des biscuits pour chien et une petite louche de légumes cuits ou de riz.
4. Au souper, 225 millilitres (1 tasse) de lait enrichi de lactose et 15 millilitres (1 c. à table) d'huile de foie de morue (sur avis de votre vétérinaire).

***À six mois***:

1. Le matin, un demi-litre (2 1/2 tasses) de lait, trois à quatre tranches de pain grillé ou des biscuits pour chien et, si vous arrivez à le convaincre, un oeuf cru.

2. Au dîner, 250 grammes (1 tasse) de boeuf haché cru ainsi qu'un peu de foie cru.
3. Au souper, 250 grammes (1 tasse) de boeuf haché cru (que vous pouvez mélanger à du cheval), une louche de légumes verts cuits ou de riz, de blé, d'avoine, d'orge cuit et 15 millilitres (1 c. à table) d'huile de foie de morue (sur avis de votre vétérinaire).

***De sept à onze mois***, donnez-lui une alimentation semblable à celle d'un Husky adulte mais moins copieuse, en tenant compte de sa musculature et de son ossature. Prenez garde de ne pas le suralimenter et ne continuez à lui donner de l'huile de foie de morue que sur avis de votre vétérinaire. Donnez-lui les quantités suivantes:

1. Le matin, un demi-litre (2 1/2 tasses) de lait entier, du pain grillé, un oeuf cru et 5 millilitres (1 c. à thé) d'huile de foie de morue (sur avis de votre vétérinaire).
2. Au dîner, 250 grammes (1 tasse) de boeuf haché cru, un peu de foie cru et quelques cartilages pour aider sa mastication.
3. Au souper, 250 grammes (1 tasse) de viande hachée crue et deux louches de légumes cuits ou de riz. Remarquez les légumes que votre Husky préfère et digère le mieux: faites votre choix selon ces critères.

***De onze à douze mois***, donnez-lui seulement deux repas par jour. Selon ses activités et les conditions climatiques, vous pourrez ne lui donner qu'un seul repas par jour. Pour un régime de deux repas, préparez-lui:

1. Le matin, un demi-litre (2 1/2 tasses) de lait, un ou deux oeufs crus, deux biscuits pour chien et 5 millilitres (1 c. à thé) d'huile de foie de morue, s'il y a lieu.
2. Au souper, 500 grammes (un peu plus de 1 livre) de viande coupée en morceaux mélangée à environ trois louches de riz, de légumes, d'un peu de céréales et de pommes de terre ou de pâtes, ainsi que quelques tranches de pain.

À l'âge d'un an, votre Husky sera devenu un chien adulte. Après l'avoir suivi pendant une année, vous aurez appris à connaître ses goûts et habitudes.

Ne vous inquiétez pas trop quand votre Husky refuse sa nourriture: il y a peut-être un élément de sa pâtée qui ne lui plaît pas. Essayez de le convaincre de manger ce que vous lui proposez; si, malgré vos efforts, vous n'y parvenez pas, acceptez son choix et prenez ses goûts en considération. Il est également possible que les goûts de votre compagnon évoluent; vous devrez alors vous incliner et satisfaire ses nouvelles inclinations alimentaires...

***Au Husky qui subit un entraînement ou qui a un travail***, donnez:

600 grammes (un peu moins de 1 1/2 livre) de viande crue ou cuite: 260 grammes (environ 1 tasse) de riz, de pâtes ou de céréales; 200 grammes (3/4 tasse) d'aliments préparés pour chien; de l'huile de foie de morue et des vitamines, s'il y a lieu.

Les valeurs nutritives des aliments que vous donnez à votre compagnon se divisent en quatre groupes principaux:

- Les *protéines*, contenues dans la viande (élément majeur de l'alimentation du chien), jouent un rôle important dans la formation des tissus musculaires.
- Les *hydrates de carbone*, contenus dans le pain, les pâtes et les céréales, fournissent l'énergie nécessaire au travail et à l'activité physique.
- Les *matières grasses* fournissent l'énergie et la chaleur nécessaires pour combattre le froid. Leur quantité doit varier selon les saisons et le climat: on peut donner au chien de la viande grasse en hiver, et de la viande maigre en été.
- Les *minéraux*, contenus dans les légumes, les os broyés et dans certains aliments spécialement préparés à cet effet, aident à la formation des os.

Il vous faut également savoir que:

- La *vitamine A* que l'on trouve, entre autres, sous forme d'huile de foie de morue est essentielle à la croissance.
- La *vitamine D* évite le rachitisme mais il ne faudra pas en abuser, sinon elle pourrait provoquer la calcification des poumons et des reins.
- La *vitamine C* ne devra être administrée que si le régime alimentaire n'est pas équilibré.

Absorbée par un Husky ayant un régime équilibré, elle pourrait provoquer des troubles hépatiques.

- La *vitamine K* est indispensable à la coagulation normale du sang mais pourrait causer des troubles hépatiques ou rénaux.

Consultez toujours votre vétérinaire avant de donner des vitamines à votre chien. Un excès de vitamines pourrait l'affaiblir ou provoquer la détérioration de son palais.

Certains aliments sont néfastes au Husky, tels que:

- Le poumon qui gonfle l'estomac et qui est difficile à digérer.
- Le gras donné mal à propos, surtout si votre Husky a une tendance à l'obésité.
- La viande de porc.
- Les petits os pointus de poulet ou de lapin.
- Les lentilles, les pois cassés et les haricots qui sont bien trop riches en fécule et qui sont difficiles à digérer.
- Le chou.
- Les condiments comme le poivre, la moutarde, etc.

Ne laissez pas les enfants gâter votre Husky en lui offrant des sucreries: vous pouvez être certain qu'il deviendra rapidement obèse. Un morceau de sucre devrait être une récompense exceptionnelle.

Votre chien doit toujours avoir de l'eau à sa disposition afin de pouvoir se désaltérer quand il le désire.

Les repas de votre Husky doivent être servis bien tièdes car il les engloutit immédiatement. Votre chien n'aime pas manger chaud, ce qui ne veut absolument pas dire qu'il aime les aliments froids ou glacés.

N'oubliez pas de laver tous les jours la gamelle du chien; il vaut mieux jeter la pâtée que votre Husky n'aura pas mangée.

Pour atteindre son équilibre, un Husky a besoin d'être dressé.

# Son hygiène

Le Husky, comme tous les autres chiens, a besoin d'être bien entretenu par son maître qu'il considère, ne l'oubliez pas, comme son chef de meute. Il vous en sera reconnaissant et vous le montrera par son entrain. En le tenant propre, vous embellissez sa robe mais vous contribuez aussi à améliorer son état de santé. Un Husky bien propre est plus sain et vivra bien plus longtemps; il sera aussi plus intelligent que celui qu'on laisse se débrouiller tout seul. Si vous lui permettez de vivre à l'intérieur de la maison, vous devez accorder une attention spéciale à l'élimination des mauvaises odeurs. Examinons maintenant en détail les soins à donner à votre Husky.

## Le brossage

Brossez votre Husky tous les jours. Comme le Husky a un poil épais, utilisez une brosse en poils de sanglier qui, tout en étant efficace, ne lui fait pas mal. Brossez-le toujours dans le sens du poil en commençant par le garrot et en continuant vers l'arrière-train jusqu'à la queue. Terminez par les pattes.

Tout en dépoussiérant votre Husky, vous enlèverez de cette façon les poils superflus et lui éviterez de les avaler. Le brossage donnera un beau lustre au pelage de votre compagnon: votre Husky aura fière allure. Il apprécie tout particulièrement le brossage, surtout si vous le brossez énergiquement.

Lorsque votre chien mue, au printemps et à l'automne, vous devrez le brosser plus souvent avec une brosse en fer ou un peigne en acier pour enlever le poil mort.

## Le bain

Vous devez habituer progressivement votre chiot au bain. Ne le faites pas brutalement en le jetant dans l'eau. Si vous voulez qu'il apprécie son bain, vous devez être très patient jusqu'à ce que cela devienne naturel et routinier.

Un chiot doit être baigné une fois par semaine; par contre, arrivé à l'âge adulte, votre Husky ne doit être baigné qu'une ou deux fois par an. Si le chien est vraiment sale, donnez-lui un bain supplémentaire. Il est conseillé de demander l'avis de votre vétérinaire concernant cette partie de l'hygiène, car il n'est pas recommandé de baigner trop souvent un Husky.

En été, lorsqu'il fait beau, vous pouvez le baigner en plein air et le laisser s'ébrouer et sécher tout seul. Faites attention à ce qu'il soit à l'abri des courants d'air. En hiver, utilisez un endroit bien fermé et essuyez-le consciencieusement pour éviter qu'il ait des rhumatismes.

Remplissez la baignoire d'eau tiède à environ 40°C. Toute la partie inférieure du corps de votre Husky doit être dans l'eau. Pour éliminer les parasites du pelage, employez un shampooing insecticide. Commencez par lui savonner la tête et continuez dans le sens du poil jusqu'à la queue et aux pattes. Faites-le très soigneusement. Rincez une première fois en évitant de mouiller son museau et en protégeant ses oreilles de l'eau. Soyez doux et patient, même lorsqu'il veut vous montrer à quel point c'est agréable! Profitez du bain pour vérifier la propreté de ses oreilles et pour les nettoyer à l'aide de coton enroulé sur un bâtonnet. Surveillez bien vos gestes car les oreilles d'un chien sont très sensibles; il pourrait avoir des mouvements brusques en sentant un corps étranger dans son oreille. Quand vous aurez terminé, sortez votre Husky de la baignoire et éloignez-vous rapidement afin d'éviter de vous faire mouiller lorsqu'il se secouera. Frottez-le ensuite très fort avec des serviettes.

Lorsque approche l'hiver, et pendant les périodes de grand froid, il est conseillé d'employer des shampooings secs: il vaut mieux ne pas mouiller votre chien qui pourrait prendre froid. Ces shampooings secs font disparaître les parasites, assouplissent la fourrure et rendent le pelage plus brillant et plus beau.

Si votre Husky vous revient d'une "expédition" couvert de boue, vous avez le choix entre le frotter avec des linges humides et le sécher ou laisser sécher la boue et le brosser ensuite. Si son poil est taché de graisse, de peinture ou de goudron, frottez-le avec un chiffon imbibé d'essence, de térébenthine ou d'éther. Rincez-le ensuite bien soigneusement.

## Les ongles

L'entretien des ongles de votre Husky est très important. Le meilleur moyen pour qu'ils ne deviennent pas trop longs est encore de faire marcher votre chien: l'exercice les maintiendra à la bonne longueur. Mais si votre chien sort peu, leur pousse étant constante, ils le gêneront lors de ses déplacements et vous devrez vous en occuper.

Baignez ses griffes dans de l'eau tiède, jusqu'à ce que les ongles soient ramollis; coupez-les ensuite en veillant, en les regardant à contre-jour, à n'enlever que la partie morte pour éviter de blesser votre Husky. Utilisez un instrument spécial pour chien et non ceux réservés à l'usage humain. Vous pouvez également les lui limer mais faites-le avec beaucoup de douceur.

## Les dents

La meilleure façon de garder saines les dents de votre Husky est encore de lui donner des os à ronger et de lui faire manger du pain bien sec et des biscuits très durs. Ne lui permettez pas de croquer des morceaux de bois dur ou des pierres; ils risqueraient d'abîmer définitivement l'émail de ses dents. Si votre chien est de bonne composition, vous pouvez lui faire un brossage normal des dents à l'aide d'un dentifrice pour chien. Vous pouvez aussi essayer de lui frotter les dents avec un chiffon humide trempé dans du bicarbonate de soude ou du jus de citron.

Faites attention aux friandises trop sucrées: elles contribuent au développement des caries. Examinez les dents de votre Husky régulièrement, il pourrait y avoir du tartre, un dépôt calcaire qui recouvre progressivement les molaires et les canines, qui donne une mauvaise haleine et favorise le déchaussement des dents et les infections des gencives. Quoi qu'il en soit, vous devriez voir, au moins une fois l'an, votre vétérinaire qui vous guidera judicieusement.

## Les yeux

Il arrive parfois que les yeux de votre Husky soient rouges et larmoyants. Cela peut arriver après un plus ou moins long séjour en plein vent ou si un corps étranger s'est glissé sous ses paupières; à titre de prévention, ne laissez pas votre compagnon passer la tête par la fenêtre lorsque vous l'emmenez en voiture.

Lavez-lui les yeux avec une solution d'acide borique que vous trouverez dans toutes les pharmacies. Imprégnez-en un tampon de coton hydrophile et passez-le-lui sur les yeux.

En cas de conjonctivite, adressez-vous à votre vétérinaire qui vous indiquera les remèdes à lui donner.

## Les parasites

Bien qu'il soit rare qu'un Husky ait des parasites, vous devez tout de même vérifier méticuleusement, lors de la séance de brossage, s'il n'en est pas infesté.

Les *puces* ne sont pas vraiment dangereuses, et vous pouvez les éliminer en ayant recours à des poudres insecticides. Les puces canines n'aiment pas l'homme et ne quittent le poil d'un chien que pour celui d'un autre.

Les *poux*, lorsqu'ils ont pris possession du poil d'un chien, sont la cause de bien des tracas. Il est difficile de les éliminer complètement. Ils se reproduisent très rapidement; leur action peut devenir dangereuse pour votre compagnon. Il y a de fortes chances pour que votre Husky ait des poux s'il se gratte sans arrêt les oreilles. Donnez-lui alors des bains insecticides, mais si vous n'arrivez pas à l'en débarrasser rapidement, consultez sans tarder votre vétérinaire. Si vous n'agissez pas vite, votre Husky pourrait être atteint d'anémie, ce qui l'affaiblirait considérablement.

Les *tiques* sont des parasites qui sévissent surtout en été dans nos régions. Ce sont les chiens vivant en contact avec des bestiaux qui sont les plus menacés. Elles peuvent provoquer des infections de la peau lorsqu'on essaye de les arracher sans prendre de précautions. La tête des tiques reste incrustée dans la peau quand vous en arrachez le corps et provoque ainsi de l'infection. Il vaut donc mieux donner à votre Husky des bains insecticides ou des bains à l'essence ou à l'alcool. Une fois que les tiques sont mortes, laissez-les tomber d'elles-mêmes sans essayer de les arracher. Elles se retrouvent sur la base des oreilles, le cou, les interstices des doigts et les aisselles du chien. Dès que vous remarquerez que votre Husky en est infesté, occupez-vous-en au plus vite.

Il existe aujourd'hui toute une série de colliers insecticides qui donneront à votre chien une assez bonne protection. C'est une façon efficace et discrète de le protéger d'une manière permanente. Mais il vaudra toujours mieux ne pas laisser votre Husky, que vous soignez avec tant d'attention, se mêler aux chiens errants de votre voisinage.

## Les sous-pieds

Vous remarquerez que les sous-pieds du Husky sont poilus entre les doigts. Cela lui permet de se promener sur la neige et sur la glace sans souffrir du froid. Mais en été ces poils sont superflus et les éleveurs conseillent de les couper. Bien que cette opération se passe généralement très bien, faites tout de même attention à ne pas le blesser.

La solide constitution du Husky traduit sa force, sa rapidité et son endurance.

# Sa santé

Si vous remarquez que votre Husky est triste, qu'il ne répond pas à vos appels et reste dans son coin, alors qu'il est habituellement gai, actif, vif et expressif, il y a tout lieu de penser qu'il est malade.

La première chose à faire est de prendre sa température rectale avec un thermomètre médical: elle est normalement de 38,2°C à 38,7°C chez le Husky adulte et d'environ 39°C chez le chiot. Si elle dépasse largement 39°C ou si elle est nettement en dessous de 38°C, vous devez être très vigilant. Si cette température s'accompagne de vomissements ou de diarrhée, n'hésitez pas à consulter un vétérinaire. Votre Husky n'est pas à l'abri, d'autre part, des blessures, des fractures ou des brûlures.

Vous devez également savoir que le pouls normal d'un jeune Husky a de 110 à 120 pulsations par minute. Celui d'un Husky dans la force de l'âge a de 90 à 100 pulsations; celui d'un vieux chien, de 70 à 80.

Un jeune chien a au repos de 18 à 20 respirations par minute. Le Husky adulte a de 16 à 18 respirations et le vieux Husky de 14 à 16.

## Les accidents

### *LES BLESSURES*

Il y a plusieurs types de blessures: les coupures, les contusions, les plaies superficielles ou profondes.

Bien que parfois compliquée d'une hémorragie, la *coupure* est une blessure habituellement simple. Vous devez d'abord arrêter l'écoulement du sang: tamponnez à l'aide de compresses de gaze ou garrotez le membre au-dessus de la blessure. Dans les cas graves, vous devrez ligaturer les vaisseaux. La désinfection et la propreté sont indispensables; avant même de vous occuper de la blessure, rasez les poils autour. Si la blessure est longue, vous devrez faire à l'animal quelques points de suture: en soulevant la peau du chien, vous y arriverez aisément. Si la blessure est superficielle, laissez-la à l'air afin que votre Husky puisse la lécher: sa salive favorisera la guérison en évitant l'infection tout en accélérant la cicatrisation.

Bien que les blessures provoquées par une pointe ne soient pas longues, elles sont souvent très profondes et peuvent s'infecter: des germes peuvent s'introduire accidentellement sous la peau et résister à toute médication. Si ces cas d'infection sont rares, ils n'en sont pas moins très douloureux; vous devez les désinfecter en profondeur par irrigation.

La *contusion* est une lésion produite par un choc, sans qu'il y ait déchirure de la peau du Husky. Il est alors plus difficile de faire des points de suture parce qu'il s'agit d'une blessure qui n'est pas aussi nette qu'une coupure. Commencez pas désinfecter en lavant la plaie avec une solution antiseptique. Comme pour la coupure, rasez les poils autour de la plaie. Bandez-le selon l'emplacement de la blessure, de façon à ne pas nuire à ses mouvements. La contusion guérira plus lentement que la coupure.

Si vous décidez d'emmener votre Husky à la campagne, vous ne devez pas oublier qu'il aime les grands espaces et qu'il pourrait tenter de s'enfuir. Gardez-le en laisse autant que possible, et tout particulièrement à l'époque de la chasse. En effet, s'il s'enfuit, il peut malheureusement être fauché par une balle perdue ou être pris au piège. Vous devrez alors garder la tête froide et juger très rapidement la situation.

Si votre chien est blessé à la tête, à la poitrine ou au ventre, c'est-à-dire blessé gravement par une balle, et que vous êtes incapable de le transporter en moins d'une heure chez le vétérinaire le plus proche (ou même chez le pharmacien), vous devrez vous résoudre à ne pas le laisser souffrir inutilement. Si la blessure par balle est superficielle ou profonde, mais sans être dangereuse, munissez-vous d'un bâton pas trop long mais suffisamment solide et faites-le mordre par le chien. Enveloppez ensuite votre Husky dans une couverture, un imperméable ou une bâche et amenez-le le plus vite possible chez le vétérinaire.

S'il est pris au piège, faites comme dans le cas d'une blessure par balle, faites-lui mordre un bâton et faites le nécessaire pour empêcher votre compagnon de s'enfuir quand vous l'aurez libéré du piège.

## *LA BATAILLE DE CHIENS*

Une bataille de chiens peut dégénérer très vite. Attrapez une laisse, ou même, si vous n'en trouvez pas une immédiatement, prenez votre ceinture et frappez très fort dans le tas. Sachez qu'un bon coup de fouet les cinglera mais que c'est bien moins grave qu'une vilaine morsure. N'hésitez pas, soyez énergique et faites vite: les ordres et les cris ne servent absolument à rien dans un cas pareil.

## *L'ÉLECTROCUTION*

Si votre chien est bien portant et pas trop nerveux, les clôtures électriques ne sont pas vraiment dangereuses. Si par malheur, votre Husky touche une installation électrique mal protégée ou mord un fil tombé, il perdra connaissance. Pratiquez la respiration artificielle: couchez-le sur le côté, puis poussez sur ses côtes toutes les deux secondes environ.

## *LES ORTIES*

Votre Husky, en traversant des touffes d'orties, pourrait attraper une certaine forme d'urticaire. Très rapidement, il aura une sensation de brûlure et un prurit violent, surtout au niveau des parties fines de sa peau. Votre chien, par instinct, se léchera souvent et avec force: les poils atteints d'urticaire peuvent ainsi, malheureusement, pénéter jusqu'à ses muqueuses respiratoires, provoquant à la limite l'asphyxie.

Appliquez des pommades ou des lotions anti-prurigineuses et calmantes sur les parties de son corps atteintes d'urticaire. Vous pouvez également appliquer des lotions faites d'eau froide vinaigrée.

## *LES FRACTURES*

Il y a quatre genres de fractures: fermées, ouvertes, comminutives et composées.

La *fracture fermée* est la plus fréquente: l'os se casse sans sortir du membre du chien. La réduction de la fracture fermée est la plus facile. Par contre, quand l'os sort du membre, il s'agit d'une fracture ouverte. L'os provoque des blessures externes qui entraînent certaines complications. Quand l'os se casse en plusieurs morceaux, il s'agit d'une *fracture comminutive*. Quand l'os provoque des déchirures externes, tout en se cassant en plusieurs morceaux, il s'agit d'une *fracture composée*.

Que devez-vous faire en cas de fracture? Nous vous conseillons, comme premiers soins, de désinfecter et de nettoyer les blessures faites par les fractures ouvertes. Enlevez les fragments osseux, s'il y a lieu. Prenez une petite planche pour immobiliser le membre du chien et tenez-le tranquille jusqu'à ce que vous réduisiez la fracture. Une des principales causes des fractures est la circulation automobile qui augmente sans cesse. Vous pourriez éviter, du moins partiellement, ces accidents en ne laissant pas votre Husky se promener seul, en évitant de l'appeler d'une façon inconsidérée pour lui demander de traverser une rue pour vous rejoindre, ou encore en le dressant de façon à limiter ce type d'accident.

Une des plus graves fractures causées par des collisions est celle de la colonne vertébrale: elle entraîne la paralysie du train postérieur au mieux, la mort au pire. Dans un cas pareil, il est préférable d'abréger les souffrances de votre compagnon. Il en est de même si les fractures sont accompagnées de la rupture d'un organe interne: dans la plupart des cas, n'ayez pas trop d'espoir quant à la survie de votre chien.

### *L'INSOLATION ET LE COUP DE CHALEUR*

Les symptômes d'une insolation et ceux du coup de chaleur sont les mêmes. Si votre Husky court ou marche beaucoup en plein soleil, l'été, il est possible qu'il souffre d'un coup de chaleur: son système nerveux central sera atteint. Ses poumons et son système cardio-vasculaire peuvent également être touchés. Les symptômes apparaissent brusquement: le chien semble soudainement affaibli, sa démarche devient hésitante, il respire par saccades et tombe. N'attendez pas le vétérinaire pour lui donner les premiers soins: l'insolation peut être mortelle.

La première chose à faire est de porter votre Husky dans un endroit ombragé et frais, sous un arbre par exemple. Faites baisser sa température par des applications d'eau très froide sur sa tête et sur le reste de son corps. Appelez ou faites appeler un vétérinaire et en attendant sa venue, donnez à votre compagnon un peu de café pour lutter contre la dépression: vous l'aiderez ainsi à surmonter sa crise. Ne laissez jamais votre Husky enfermé dans une automobile hermétiquement fermée en plein soleil.

## *LES BRÛLURES*

Les brûlures sont moins rares qu'on ne le pense. Méfiez-vous lors des pique-niques. S'il se brûle, votre Husky peut devenir fou furieux. À la suite de l'affaiblissement physiologique brusque (collapsus) qui succède à la destruction de l'épiderme, les brûlures sont dangereuses, fort douloureuses, et peuvent même à la limite causer la mort de votre Husky.

Les brûlures se divisent en trois catégories selon leur gravité. Les *brûlures du premier degré* sont les plus légères: la peau présente un rougissement et la brûlure évolue vers une inflammation érythémateuse; votre chien a des sensations de douleur. Les *brûlures du second degré* se caractérisent par la formation de petites ampoules qui, en se perçant, libèrent un liquide séreux et donnent naissance à de petites plaies. Ces petites plaies guériront à la cicatrisation. Les *brûlures du troisième degré* sont les plus graves. Il s'agit, dans ces cas, d'une carbonisation des tissus, suivie de la formation d'une croûte qui disparaîtra avec la cicatrisation.

Commencez par bloquer la mâchoire du Husky avec un bâton. Les brûlures se soignent par des bains froids additionnés d'une solution boriquée à 3 pour 100 et par l'application de poudres absorbantes.

Comme premiers soins, appliquez d'abord de l'huile d'olive, de la vaseline, de la pommade à la lanoline ou à l'ichtyol, du blanc d'oeuf battu, du beurre, de la margarine, de la graisse animale, etc. Percez les ampoules pour en faire sortir le liquide et appliquez à l'endroit blessé une poudre à base d'antiseptiques. N'oubliez jamais de commencer par désinfecter la plaie à l'aide de poudres antiseptiques.

En cas de brûlures provoquées par une substance chimique, vous pouvez en neutraliser l'action en utilisant des substances alcalines, si la brûlure est causée par des acides; des préparations acides, si la brûlure est provoquée par des bases.

### *L'AGGRAVÉE*

Il s'agit de l'inflammation des soles d'un Husky qui a marché trop longtemps sur des terrains trop durs ou trop caillouteux. L'aggravée touche aussi le chien qui a marché sur le chaume resté sur place après la moisson. Les soles peuvent aussi s'enflammer si votre animal se promène longtemps, par temps chaud, sur des routes goudronnées. Il se formera, au niveau des coussinets plantaires et des espaces interdigitaux, des plaies très douloureuses qui rendront la marche difficile et pénible sinon impossible.

Cette inflammation est la plupart du temps assez longue à guérir. Laissez votre chien au repos sur un terrain non sablonneux; évitez le gravier, le ciment et l'humidité. Les bains astringents à base d'alun le soulageront. Vous pouvez également pratiquer des pulvérisations d'un liquide antiseptique qui formera une pellicule isolante sur les parties touchées par la maladie.

## *LES INTOXICATIONS*

Le Husky peut être empoisonné par une main criminelle mais il peut l'être également accidentellement s'il absorbe des produits toxiques répandus pour dératiser ou pour se débarrasser d'autres bêtes nuisibles. La composition chimique de chacun de ces produits variant de l'un à l'autre, les effets sur l'organisme peuvent donc être très différents. Contactez au plus vite votre vétérinaire. Malheureusement certains produits toxiques comme la strychnine et la noix vomique ont un effet foudroyant et rien ne pourra sauver l'animal.

## *LE DANGER DES ÉLASTIQUES*

Ne placez jamais un élastique autour du museau de votre Husky ou d'une de ses pattes. Il pénétrera rapidement dans la peau et provoquera une inflammation marquée par les poils et l'exsudation. Il faudra faire exciser. Faites bien comprendre à votre entourage, et surtout aux enfants, que c'est là un jeu dangereux.

## *LES CORPS ÉTRANGERS*

Le Husky, comme d'ailleurs les autres chiens, peut avaler divers corps étrangers. Ce sont les chiots qui doivent être les plus surveillés. La liste des objets dangereux est longue et il est impossible de tous les énumérer. Prenons quelques exemples: les aiguilles de couturière peuvent se ficher dans la gorge ou dans la langue. Le chien hurlera et bavera, il ne pourra plus manger. Un chiot, ou même un chien adulte, peut avaler par inadvertance un morceau de jouet en caoutchouc, un noyau de pêche, un os de côtelette, un caillou ou un bouchon.

N'essayez pas d'intervenir vous-même, vous pourriez lui faire plus de mal que de bien et il pourrait vous mordre. Emmenez l'animal chez votre vétérinaire. Vous constaterez d'ailleurs la gravité de son état si vous le voyez vomir "jaune" et si son abdomen semble douloureux. Votre vétérinaire lui fera une palpation et une radiographie. Il fera son diagnostic selon les résultats: il devra peut-être procéder à l'ouverture de l'estomac ou des intestins. Ne laissez donc pas traîner des objets qu'il puisse avaler et éduquez les enfants à ne jouer qu'à des jeux inoffensifs afin d'éviter que votre chien ne se retrouve sur une table d'opération.

## *LES ÉPILLETS*

Les épillets, surnommés les folles avoines, peuvent pénétrer entre les doigts des pattes, dans le nez ou dans les oreilles, et provoquer des abcès et des inflammations. L'oreille y est spécialement sensible puisque les petits épillets se glissent progressivement au fond du conduit auditif de façon à y être coincés. Le Husky penchera la tête du côté de l'oreille atteinte, secouera assez violemment la tête et deviendra nerveux. Dès que vous remarquerez ces symptômes, soignez-le immédiatement en lui enlevant l'épillet à l'aide d'une petite pince. Si dès les premiers symptômes l'extraction est facile, vous aurez des difficultés à repérer l'épillet enfoncé trop loin. Adressez-vous au vétérinaire qui, grâce à l'otoscope, en viendra à bout.

Si vous ne vous en occupez pas, il y a de fortes chances qu'une otite inflammatoire et une suppuration s'installent et conduisent au catarrhe auriculaire chronique. Comme nous le faisions remarquer, l'épillet se rencontre aussi fréquemment dans les espaces interdigitaux. Ils peuvent provoquer un abcès qui devra être largement débridé et débarrassé du corps étranger. Si cela n'est pas fait, l'épillet continuera son chemin tout au long des gaines tendineuses ou musculaires et pourra provoquer, dans une région éloignée de son point d'impact, des abcès successifs.

## *LES MORSURES DE REPTILES*

Les lèvres, la truffe et l'extrémité des membres sont les endroits privilégiés pour les morsures de serpent. Votre **Husky** se mettra habituellement à vomir et poussera un hurlement de douleur. Vous remarquerez dans la région mordue une plaie tuméfiée et violacée qui deviendra douloureuse, s'enflammera et prendra une forme d'auréole. Une morsure est plus dangereuse si la vipère n'a pas mordu depuis sept jours; elle injecte alors au chien tout son venin. Plus l'animal est jeune, plus cette morsure peut être mortelle.

Il faut intervenir très rapidement: faire saigner abondamment en débridant au couteau puis sucer la plaie et recracher le venin. Placez un garrot au-dessus de la plaie. Lavez à l'eau javellisée (4 à 5 cuillerées d'eau de javel par litre (1 pinte) d'eau) ou avec une solution de permanganate (un comprimé pour un quart de litre (1 tasse) d'eau). Ceci fait, injectez-lui du sérum antivenimeux qu'*il est bon d'avoir toujours dans vos bagages* quand vous sortez avec votre chien à l'extérieur de la ville.

La couleuvre mord parfois; même si c'est douloureux, sachez qu'il n'y a pas de danger pour votre compagnon.

### *LES PIQÛRES D'INSECTES*

Les piqûres d'insectes, comme celles des abeilles, frelons et guêpes, sont moins dangereuses qu'une morsure de vipère. Néanmoins, dans les cas sérieux, n'hésitez pas à consulter votre vétérinaire. Mais dès que le chien a été piqué, tamponnez la région blessée avec du vinaigre ou du poireau frais. Certains chiens sont allergiques à ces piqûres et leur vie peut être en danger. Si votre vétérinaire n'est pas à proximité, emmenez votre chien à la clinique la plus proche.

## Les maladies

### *LES SYMPTÔMES DE MALADIE CHEZ VOTRE HUSKY*

Bien que votre Husky soit un animal de constitution robuste, il peut aussi être sujet à la maladie. Tous les animaux préviennent par des signes très clairs qu'ils sont en voie d'être malades. Il est évidemment plus facile d'y être attentif lorsqu'un animal vous appartient; à force de vivre avec votre Husky, vous repérerez rapidement ces signes avant-coureurs et vous pourrez alors procéder aux soins nécessaires avant que la maladie qui couve ne devienne grave ou même chronique.

Si vous remarquez un changement dans ses habitudes quand il joue, s'il change d'humeur ou que son comportement aux repas est différent, s'il se laisse traîner pendant la promenade ou s'il est tout simplement triste, faites-lui subir un examen complet: mieux vaut prévenir que guérir.

Votre chien ne peut pas parler, mais il remplacera le langage par des signes extérieurs. Il commencera par se désintéresser de sa nourriture et des jeux. Il ne cherchera plus la compagnie des autres et voudra rester seul, il refusera de faire sa promenade et aura l'air indifférent. Ne perdez pas votre calme lorsque vous remarquerez ces symptômes chez votre Husky et n'essayez pas de le forcer à manger ou à vous obéir.

Si le bout de son nez est plus chaud, plus sec et plus rêche qu'à la normale, c'est signe qu'une maladie se développe. Vérifiez s'il fait de la fièvre en prenant sa température à l'aide d'un thermomètre médical introduit dans l'anus. La température normale d'un chien en bonne santé ne devrait pas dépasser 30°C. Vérifiez également son pouls en appuyant votre doigt sur la veine qui se situe à l'intérieur de la cuisse; normalement il devrait avoir entre 70 et 120 pulsations par minute. Cette marge de 50 pulsations est due à la grande différence de pulsations entre les moments de repos et les moments de surexcitation ou d'activité.

Apprenez à diagnostiquer au plus vite les diverses maladies, dont nous allons énumérer les symptômes plus loin, afin que votre Husky reçoive au plus tôt les soins appropriés pour empêcher le développement de la maladie. Par exemple, la rage se caractérise par certains symptômes: le chien a toujours la gueule ouverte, il n'aboie plus de la même façon et il a toujours envie de mordre. Par contre la formation de petites pustules sur la peau du ventre, les crampes, la diarrhée et la toux sont les principaux symptômes de la gourme.

En résumé, il faut toujours surveiller les changements de comportement de votre chien, son manque d'appétit et son besoin de solitude, car ce sont les premiers symptômes de toute maladie. Si on a des doutes, il vaut mieux prendre sa température et vérifier son pouls.

## *LES CAUSES DE MALADIE CHEZ VOTRE HUSKY*

Comme nous l'avons déjà dit, le Husky est un animal particulièrement robuste et il n'a généralement pas de graves problèmes de santé. Néanmoins, sachez que certains animaux sont prédisposés à la maladie et, malgré les soins qui leur sont prodigués, ils auront toujours des problèmes de santé. La plupart des Huskys sont sains mais certains croisements, destinés à améliorer leurs qualités, peuvent rendre certains Huskys sensibles aux maladies, et tout particulièrement à la gourme. À titre de prévention, vous devez donc éviter que les chiots soient exposés aux changements de température trop rapides et à une atmosphère humide. Cette tendance ne doit pas vous inquiéter outre mesure; elle est contrôlable et peut être neutralisée grâce à des règles d'hygiène très strictes et à l'observation continuelle de la condition physique de votre chien.

## *LES SOINS AU HUSKY*

Le chien se soigne généralement de la même manière que l'être humain. Il doit absorber des médicaments et recevoir des injections; tout comme l'homme, il doit subir des interventions chirurgicales. Le grand problème, pas encore résolu, c'est qu'il ne parle pas... Il ne peut pas vous expliquer pourquoi il déteste certains médicaments alors qu'il en prendrait d'autres volontiers. Il y a une bonne méthode pour administrer au chien un médicament qu'il n'aime pas: donnez-le-lui en l'introduisant sur le côté de la gueule. Calmez l'animal en lui parlant doucement, prenez dans votre main droite la cuillère qui contient le médicament, puis, en soulevant avec la main gauche la lèvre du chien, vous allez découvrir une cavité près de l'angle de la mâchoire: il vous sera facile d'y verser le contenu de la cuillère. Le Husky avalera naturellement le médicament.

Si vous avez de longs soins à donner à votre chien, utilisez des "cuillères couvertes" spécialement conçues pour faciliter l'introduction du médicament dans la cavité de la lèvre inférieure. Si vous devez faire absorber à votre chien un médicament en poudre ou en gouttes, pour le lui faire avaler, mélangez-le avec de l'eau, de la viande hachée, du sucre, du lait, du pain ou tout autre ingrédient.

Vous n'aurez aucune difficulté à faire une piqûre à votre chien sauf s'il s'agit d'une intraveineuse. N'oubliez jamais de stériliser convenablement la seringue et d'éliminer les bulles d'air qui se forment quand vous mettez du liquide dans une seringue. Stérilisez toujours la partie du corps qui doit être piquée en la frottant à l'alcool. Lorsqu'une injection intraveineuse s'avère nécessaire, il vaut mieux que ce soit une personne compétente qui la fasse en se servant de la veine saphène qui se trouve sous le jarret.

Les lavages vaginaux, les clystères et les diverses applications externes ne devraient pas vous poser de problèmes particuliers. Liez bien les bandages car votre Husky voudra les enlever.

Soyez patient et compréhensif; soignez votre chien dans une atmosphère de calme. Vous verrez comment il est alors plus facile de lui donner les soins nécessaires pour le remettre rapidement sur pattes.

## *LES PARASITES EXTERNES*

Bien qu'il soit rare qu'un Husky soit infesté de parasites, il peut arriver qu'exceptionnellement il ait des tiques, des puces ou des poux. Il est alors nécessaire de pouvoir les distinguer et connaître les moyens de s'en débarrasser.

### Les tiques

Les tiques sont de petites araignées qui se fixent dans la peau du chien et qui sucent son sang.

Lorsqu'elles sont rassasiées, elles tombent au sol et meurent, mais seulement après avoir pondu leurs oeufs. Si elles ne sont pas trop nombreuses, le chien n'en souffrira pas trop. Par contre, si elles sont trop nombreuses, elles provoquent l'amaigrissement et l'anémie. Elles peuvent également transmettre d'autres maladies comme la piroplasmose. La meilleure façon de s'en débarrasser, sans provoquer de plaies, consiste à mettre une goutte de térébenthine, de pétrole ou d'alcool sur chaque tique et d'attendre que les parasites se détachent d'eux-mêmes; vous risqueriez en les arrachant de provoquer une déchirure.

**La puce du chien** (*pulex seraticeps*) n'est pas dangereuse pour l'homme. Vous pouvez protéger facilement votre chien grâce à certains insecticides disponibles sur le marché: ceux faits à base de pyrèthre africain sont particulièrement efficaces. Il est difficile de débarrasser votre Husky de façon définitive de ce parasite: il peut en attraper à longueur de journée s'il se trouve continuellement dehors ou au cours de ses promenades. N'utilisez pas de produits trop forts pour éliminer les puces d'un chiot: petits, ils ont l'habitude de se lécher entre eux et peuvent donc s'intoxiquer mutuellement. À titre de prévention, nettoyez bien de temps en temps la niche.

## Les poux

Certains poux piquent la peau du chien et sucent son sang; d'autre se nourrissent de fragments de peau et de poils. Les poux peuvent devenir dangereux, provoquer un amaigrissement et même une anémie s'ils sucent trop de sang.

Vous trouverez dans les magasins spécialisés les produits nécessaires pour débarrasser votre chien de ces parasites. Vous pouvez aussi utiliser une solution de créoline à 4 pour 100 ou du pétrole. Faites attention à ne pas trop irriter la peau de votre compagnon, principalement aux endroits délicats et aux endroits où le poil est court. Les produits liquides détruisent en même temps les oeufs des poux. Trois bains échelonnés sur trois semaines devraient avoir raison de ces parasites.

## *LES PARASITES INTERNES*

Étant donné que votre Husky mange des viandes crues, des entrailles et d'autres aliments dans lesquels peuvent s'introduire les larves des parasites, il en sera souvent victime.

Ces vers dénommés "ténias" ne se transmettent pas d'un chien à l'autre; ils ont besoin d'un intermédiaire, comme la nourriture, pour atteindre l'animal.

### Le ténia échinocoque

Le ténia échinocoque est le parasite le plus dangereux pour l'homme. Il est petit et a environ cinq millimètres (1/25 pouce) de long. Il vit dans les viscères des porcs et des bovins. Il est composé de trois ou quatre anneaux. Afin de ne pas être contaminé, vous devrez prendre diverses précautions; ne laissez pas votre chien, même par jeu, manger dans votre assiette, ne buvez pas l'eau qu'il a touchée, ne le laissez pas lécher votre visage et vos mains.

Les légumes doivent être minutieusement lavés; lorsqu'ils sont sales, ils peuvent porter des oeufs qui seront expulsés avec les selles du chien. Si le chien absorbe ces oeufs, ils s'ouvriront dans son estomac et les larves atteindront des parties vitales de son corps et formeront des kystes hydatiques, responsables d'une maladie dénommée échinocose.

Heureusement, grâce aux contrôles sérieux qui se font à présent dans les abattoirs et qui prévoient la destruction des viscères des bêtes porteuses de ténias, la propagation a été fortement réduite. Par conséquent, il y a de moins en moins de chiens qui sont victimes de ténias. Ce qui ne doit pas vous empêcher de prendre toutes les mesures d'hygiène nécessaires car cette maladie entraîne plusieurs complications et est difficilement guérissable. N'achetez pas de viande dont vous ignorez l'origine. Il est préférable de ne s'approvisionner que de viandes contrôlées par des institutions sanitaires.

**Le ténia serré**

On trouve les larves de ce ver dans les viscères des lapins et des lièvres. Il peut atteindre environ un mètre (un peu plus de 3 pieds) de long. N'offrez pas à votre chien, suite à une chasse par exemple, les entrailles des lièvres tués: vous ne feriez qu'accroître la propagation de ce genre de ténia.

**Le ténia margine**

Le ténia margine passe de l'état d'oeuf à celui de larve dans l'estomac des porcs et des moutons. Il s'agit du plus gros ténia qui puisse contaminer votre chien; il peut atteindre deux mètres (10 pieds) de long.

**Le ténia cénure**

La larve du ténia cénure se développe dans le cerveau des boeufs et des moutons. Ce qui a été dit pour les autres variétés de ténias est aussi valable pour celui-ci.

**Le ténia cucurbitin**

Le ténia cucurbitin (*dipylidium caninum*) a la particularité de se transmettre par la puce du chien et parfois même par les poux. La contagion est facile parce que les puces sont difficiles à éliminer complètement. Les animaux se les transmettent lors de leurs contacts journaliers, de leurs promenades, de leurs courses, etc. Les puces de votre chien peuvent manger les oeufs du ténia expulsés de l'intestin d'un animal atteint et qui sont restés accrochés au poil autour ou en dessous de sa queue.

Votre Husky, en mordant une puce, en l'écrasant ou en la mangeant, peut être lui aussi contaminé, puis contaminer un autre chien et ainsi de suite. Une seule puce peut abriter jusqu'à cinquante et même soixante larves de ténia cucurbitin. Ce parasite pourra se développer chez votre Husky jusqu'à mille exemplaires et plus.

Bien que les cas répertoriés soient plutôt rares, vous devez savoir qu'il est possible que des enfants soient victimes du cucurbitin. En jouant avec le chien, ils peuvent avaler une puce de chien et, si elle est porteuse de germes, être atteints. La meilleure prévention demeure la propreté; l'utilisation des poudres insecticides est conseillée. Adressez-vous au vétérinaire sans tarder, si vous voyez que vous n'arrivez à aucun résultat positif.

Un chien infesté par ce ver passera de la constipation à la diarrhée, et il aura de fréquents vomissements. Il sera triste et aura le regard trouble. Son pelage deviendra mat. Il aura toujours soif et maigrira, il aura aussi des attaques semblables à des crises d'épilepsie.

La preuve définitive sera la présence de proglottis (anneaux du ver) dans les selles du chien. Administrez un purgatif à votre chien et vous les verrez facilement à l'oeil nu; vous remarquerez leur forme et leur couleur qui sont caractéristiques.

Pour débarrasser définitivement votre chien des ténias, il vous faudra agir radicalement. La guérison exige l'élimination totale des parasites. Sachez qu'il suffit d'une seule tête pour donner vie à une autre série de segments et tous vos efforts auront été inutiles. Vous ne pourrez pas l'en débarrasser par un poison qui ne les détruirait pas mais qui ne ferait que les endormir car ils sont très résistants. Demandez conseil à votre vétérinaire afin qu'il vous indique quelle purge lui donner, des ténifuges ou des anthelminthiques.

Afin de soigner votre compagnon, donnez-lui un laxatif pour libérer son intestin ou faites-lui suivre un régime liquide. Le lendemain matin, commencez le traitement en lui faisant avaler une dose de vermifuge. Il est recommandé, en général, de lui donner de l'extrait éthéré de fougère mâle sous forme de capsules gélatineuses ou dilué dans une infusion de camomille. Étant donné la taille d'un Husky, une dose de cinq grammes est prescrite. Votre vétérinaire vous indiquera avec précision quel produit fera le plus d'effet et sera le mieux toléré par votre Husky.

### La piroplasmose

Le *piroplasma cani* est le parasite responsable de la piroplasmose. Il s'agit d'une maladie du sang qui est contagieuse. Si vous vous y prenez suffisamment tôt, vous en arriverez facilement à bout. Mais si elle n'est pas rapidement soignée, votre Husky peut en mourir.

La tristesse et la fatigue sont les premiers symptômes de la piroplasmose. Votre chien perdra ensuite son appétit et sa température montera à 40 °C. Ses urines fonceront d'heure en heure et prendront la couleur du marc de café ou du malaga.

Cette infection est provoquée par les morsures des tiques et ne se transmet pas de chien à chien. Il vous sera facile de retrouver sur le corps de votre chien malade des tiques vivantes et pleines du sang de la victime.

Il existe de très bons médicaments sur le marché mais la guérison dépendra de la rapidité de l'application après que vous en aurez décelé les symptômes.

La convalescence sera longue et durant cette période votre chien pourra avoir des troubles néphrétiques ou hépatiques. Laissez votre chien au repos pendant deux ou trois semaines: pendant la maladie, la rate s'hypertrophie et il y a danger d'éclatement si votre Husky s'agite trop ou fait des exercices trop violents.

Il n'existe pas, pour le moment, de vaccination préventive. Vous devrez, de temps en temps, déparasiter votre chien en appliquant des poudres insecticides appropriées. Vous pouvez également lui faire porter de façon permanente un collier antiparasitaire.

**La leptospirose**

La leptospirose s'appelle également “maladie de Stuttgart”, “typhus du chien” ou “gastro-entérite hémorragique”. Cette maladie, provoquée par un micro-organisme, est connue par son incubation fort discrète, sa soudaineté et surtout par sa violence.

L'agent vecteur est transmis par le rat qui élimine le microbe dans ses urines et qui peut souiller l'alimentation et l'eau du chien. Cette maladie est contagieuse et quelquefois mortelle. On peut constater des formes brutales accompagnées de prostatite, d'anurie et d'hypothermie. Il existe également des formes plus lentes qui provoquent des hépatites et des néphrites. Le diagnostic est délicat. Agissez avant même d'être sûr, employez des antibiotiques à fortes doses. Les meilleurs soins préventifs demeurent les vaccins de Carré et de Rubarth: ils donnent les meilleurs résultats.

**Les oxyures**

Dans la plupart des cas, ces vers se développent dans le rectum du chien. Ils sont très petits et n'ont jamais plus de quelques millimètres de long. Ils ressemblent aux ascaris. Ils se multiplient rapidement et peuvent parfois s'introduire dans l'intestin du Husky. Votre chien deviendra nerveux, souffrira d'une forte démangeaison anale et traînera son arrière-train par terre en tenant ses pattes postérieures soulevées.

Faites-lui des lavements à base d'eau savonneuse qui provoqueront l'expulsion des oxyures. Votre vétérinaire prescrira, en plus, des médicaments semblables à ceux prescrits contre les ascaris.

La médication lui sera donnée le matin avant le déjeuner, pendant deux ou trois jours. Terminez le traitement par une purge huileuse que vous administrerez trois heures après le dernier médicament.

**La toxoplasmose**

Cette maladie peut facilement être confondue avec les troubles dus au virus de Carré. Les symptômes dépendent de la localisation et de l'évolution de la maladie.

Toutes les fonctions vitales peuvent être touchées. On peut remarquer une certaine forme d'agressivité et de nervosité. Votre chien fera peut-être des tentatives de fugue. Il pourra être frappé de paralysie partielle ou généralisée.

La maladie peut toucher les viscères et alors provoquer un amaigrissement progressif, des troubles cardio-vasculaires, pulmonaires et gastro-intestinaux ainsi que des avortements. Il n'existe pas de traitement spécifique, et les chiots touchés par cette maladie sont particulièrement en danger. Elle cause souvent la mort des jeunes chiens.

## Le coryza parasitaire

Le coryza parasitaire est une maladie provoquée par des parasites ressemblant à des vers. Le parasite femelle peut atteindre environ dix centimètres (4 pouces) de long. À l'état de larve, il se retrouve dans les entrailles des moutons, des lièvres et autres herbivores.

Si le chien mange des entrailles crues infestées, les larves trouveront leur chemin de l'estomac aux cavités nasales et provoqueront le coryza parasitaire. Cette maladie est dangereuse et peut provoquer la mort du chien à la suite de problèmes cérébraux.

La meilleure prévention est de faire cuire les entrailles. Dans le cas d'affection mineure, le chien guérira de lui-même; les vers morts seront expulsés par les narines lors d'éternuements.

## Les ascaris

Comme les oxyures, les ascaris appartiennent à la famille des vers ronds. L'ascaris du chien (*ascaris marginata*) ne doit pas être confondu avec l'*ascaris lombricoïdes* de l'être humain auquel il ressemble beaucoup. L'ascaris du chien est de forme cylindrique et il est lisse. Il a environ six à douze centimètres (2 à 5 pouces) de long. L'*ascaris limbata* est du même type mais il est plus dangereux. L'ascaris, qui a la forme du ver de terre, n'a pas besoin d'intermédiaire, comme le ténia, pour infester le chien: il passe directement de l'oeuf au ver.

Les chiots sont les plus touchés par ce parasite dont la transmission se fait de la mère aux petits pendant leur vie utérine. Ce qui ne veut pas dire que les chiens adultes ne peuvent pas être contaminés. Les oeufs des ascaris peuvent se trouver dans l'eau polluée ou à d'autres endroits où ils auront été déposés et que le chien léchera.

Les symptômes de la présence de ces vers sont les mêmes que pour le ténia. Le diagnostic en est facilité par leur présence dans les selles du chien. On peut en trouver dans son intestin des quantités appréciables qui peuvent provoquer, dans certains cas, la mort. Lorsqu'ils passent de l'intestin à l'estomac, ils peuvent provoquer des vomissements.

Surveillez l'état de la mère pendant l'allaitement et, nous ne vous le répéterons jamais assez, observez une hygiène stricte. Quand les vers prolifèrent, ils causent des anémies nerveuses, des démangeaisons anales et un certain amaigrissement. Votre chien sera également sujet à des convulsions et à des vomissements gastro-intestinaux.

L'ascaridiose, la maladie provoquée par les ascaris, se soigne avec de la santonine. Vous devez mélanger de huit à dix centigrammes de santonine à du sucre et à du calomel. Après avoir soigné le chien pendant deux ou trois jours, administrez-lui une purge huileuse pour le faire évacuer. D'autres médicaments pourront tout aussi bien faire l'affaire; adressez-vous au vétérinaire qui vous renseignera.

## *LES AFFECTIONS DE LA PEAU*

Les affections cutanées ne sont pas toujours très belles à voir. La santé de votre Husky vous étant précieuse, vous aurez néanmoins à coeur de soigner ces maladies avec courage.

**La gale rouge**

La gale rouge et causée par un parasite dénommé *demodex folliculorum*. Ce parasite a la forme d'une chenille. Il vit dans le système pileux. On peut le retrouver dans les follicules d'un chien en bonne santé mais il n'est pas dangereux tant que les conditions nécessaires à sa prolifération ne sont pas réunies.

La gale rouge est une maladie grave. Elle touche principalement les chiots et les jeunes chiens, même dans les conditions d'hygiène les plus efficaces. Il s'agit d'une maladie fréquente pendant la convalescence du chien qui a été atteint de la gourme (voir plus loin). Elle est probablement provoquée par la faiblesse du chien. Il n'y a pas contagion entre chien malade et chien bien portant.

L'apparition de petites plaques dues à la chute des poils est le premier symptôme de la gale rouge. Si la maladie s'aggrave, la chute de poils s'étendra aux autres parties du corps. Vous reconnaîtrez aisément la maladie en observant la couleur rougeâtre de la peau. Au fur et à mesure du développement de la maladie sur les autres parties du corps, vous remarquerez que la peau deviendra sèche et calleuse. N'attendez pas que votre Husky soit recouvert de pustules dues à la formation d'abcès dans les follicules du poil: arrivée à ce stade final, la maladie ne pourrait avoir qu'une issue fatale.

Il se pourrait qu'une guérison soit possible; si votre chien est résistant, il vaincra la maladie. Votre Husky pourra être sauvé si vous lui prodiguez les soins nécessaires rapidement, dès le début de la maladie. Si la gale rouge se répand, les complications s'amasseront et il sera plus difficile et plus long de guérir votre chien. Adressez-vous au vétérinaire qui vous indiquera ce que vous devez faire. Il existe plusieurs traitements possibles et les dernières découvertes pharmaceutiques permettent des soins de plus en plus adaptés à cette maladie.

**La gale sarcoptique**

Les démangeaisons sont les premiers symptômes de la gale sarcoptique. Le Husky se grattera très fort jusqu'à ce que cela provoque des lésions de la peau. Le ver de cette maladie ressemble à celui provoquant la gale chez l'homme. De fait, le chien peut transmettre sa maladie à l'homme, ce qui est néanmoins très rare et, si c'est le cas, ne vous effrayez pas, elle se guérit spontanément et facilement. Comme dans les autres cas de maladie, observez attentivement les règles d'hygiène et de désinfection quand vous soignerez votre chien pour la gale sarcoptique car il y a toujours un risque de contamination.

Comme pour la gale rouge, vous remarquerez de petites taches rouges qui s'étendront, en commençant par la tête, aux autres parties du corps du chien. Le poil tombera et les ampoules qui se forment deviendront des croûtes en éclatant. Une odeur fort désagréable, due à l'aggravation de la maladie, enveloppera le malade; cette odeur provient du sérum qui se libère des petites plaies. La gale sarcoptique peut être fatale si le corps du chien se couvre de lésions. N'attendez pas ce moment et adressez-vous au vétérinaire afin qu'il fasse un examen microscopique pour savoir si le parasite de la gale dénommé *sarcoptes scabiei* est bien celui qu'il faut combattre.

Le parasite vit dans la peau du chien et se multiplie très vite. Concernant les soins à donner, adressez-vous au vétérinaire afin qu'il prescrive un remède antipsorique. Ce médicament est efficace lorsqu'il n'y a pas de problèmes spéciaux qui se posent. Pour appliquer la pommade, rasez les poils autour des lésions; vous en augmenterez ainsi l'efficacité. Votre Husky pourrait être tenté de lécher la médication et il serait bon de le museler pour l'en empêcher. Il est inutile de placer l'animal dans un environnement chaud. Les parasites de cette maladie ont une attirance naturelle vers la surface de la peau.

**L'eczéma**

Veillez à ne pas confondre l'eczéma avec la gale sarcoptique. Un examen microscopique des croûtes cutanées permet de les distinguer. Le chercheur repérera facilement le *sarcoptes scabiei* s'il s'agit d'un cas de gale. L'eczéma se déclare souvent à la suite d'une intoxication gastrointestinale. L'inflammation de la peau entraîne de fortes démangeaisons. Le Husky se grattera jusqu'à ce que cela provoque une lésion.

Un mauvais fonctionnement de l'intestin (la constipation) ou des reins peut aussi provoquer de l'eczéma chez les chiens âgés. Parmi les nombreuses causes de cette maladie, rappelons aussi l'usage prolongé de bromure ou d'iodure, les piqûres d'insectes et un manque de propreté.

Il faut distinguer deux formes d'eczéma: aiguë et chronique.

La *forme aiguë* se distingue par de petites taches rouges et des papules emplies d'un liquide séreux à mauvaise odeur qui coule lorsqu'elles se percent. Cette forme d'eczéma provoque des démangeaisons et l'animal se gratte avec ses pattes ou contre tout corps étranger qui est sur son passage. Ces grattements contribuent évidemment à former des lésions de la peau et même des plaies purulentes. Le chien peut avoir de l'eczéma entre les doigts de pieds, il s'agit d'"intertrigo". Votre chien boitera et vous observerez la formation de pustules comme dans la forme humide.

La forme aiguë est suivie de la *forme chronique* qui touche, surtout chez les chiens âgés, les oreilles, les quatre membres et la peau autour des yeux. Le Husky perdra ses poils, sa peau deviendra sèche et il aura des démangeaisons.

Adressez-vous au vétérinaire pour avoir un diagnostic plus sûr, basé sur un examen au microscope.

La guérison se fera par un traitement facile mais il y aura toujours la possibilité que votre chien attrape à nouveau cette maladie. Pour l'eczéma humide, vous vous servirez de poudres comme traitement. Les pommades à base d'ichtyol et d'acide salicylique sont prescrites pour la forme chronique.

## *LES AFFECTIONS DES YEUX*

Il est bon de rappeler quelles sont les parties externes de l'oeil. La cornée est l'enveloppe transparente centrale qui recouvre la pupille et l'iris. La sclérotique est la partie blanche de l'oeil. La conjonctive est la membrane transparente qui recouvre la sclérotique et tapisse les paupières.

### L'entropion

Dans la plupart des cas, l'entropion est congénital. Il se caractérise par le renversement de la paupière en dedans: les cils irritent alors la conjonctive et provoquent l'apparition d'une conjonctivite ou d'une kératite et l'ulcération de la cornée. Pour guérir votre Husky, le vétérinaire devra pratiquer une petite intervention chirurgicale.

### La blépharite

Il s'agit de l'inflammation des paupières provoquée le plus souvent par un facteur externe et traumatisant comme par exemple une piqûre d'épine, d'insecte ou une blessure. Nettoyez bien l'oeil avec une solution boriquée à 3 pour 100. Appliquez des compresses ni trop chaudes ni trop froides de camomille pendant environ un quart d'heure. Pour terminer, appliquez une pommade antiseptique sédative à usage ophtalmique.

**La kératite**

Il s'agit de l'inflammation de la cornée. Elle se traduit par une opacité partielle ou totale de la cornée. Lavez l'oeil avec une solution boriquée: cela devra être fait très soigneusement. Appliquez localement une pommade ophtalmique à l'oxyde jaune ainsi qu'une pommade antibiotique.

**Le glaucome**

Cette maladie se caractérise par la dilatation de la pupille, l'opacité de la cornée et le durcissement du globe oculaire. Pour guérir votre Husky, vous devrez le faire hospitaliser. La guérison est, nous devons le dire, fort problématique.

**La conjonctivite**

Il s'agit de l'inflammation de la conjonctive qui devient rouge et gonflée. L'inflammation pourra être aiguë, chronique, catarrhale ou purulente. Pour traiter la conjonctivite, lavez l'oeil atteint avec une solution boriquée en enlevant, si nécessaire, le pus à l'aide d'un tampon de gaze trempé dans de l'eau bouillie et tiède. Enlevez éventuellement les cils qui auraient pu pénétrer dans l'oeil avec une pincette. Si des poils vous gênent, coupez-les avec des ciseaux. Appliquez du collyre antibiotique toutes les deux heures et une pommade à base de sulfamides et d'antibiotiques pendant deux à trois nuits de suite. Espacez la médication au fur et à mesure que le Husky guérit. Gardez l'animal à l'abri de la lumière, au repos et dans un endroit où il ne sera pas dérangé. En l'éloignant des sources de lumière, vous éviterez une inflammation renouvelée.

### La dégénérescence du pigment de la cornée

Il n'y a aucun traitement pour cette maladie. Il s'agit de l'infiltration d'un pigment brun et noir qui peut recouvrir une partie ou toute la surface de la cornée, comme s'il y avait une membrane qui faisait le tour du globe oculaire.

### L'ulcère chronique

L'ulcère chronique se manifeste sans infection ni pus interne. Soignez le chien avec des gouttes et une pommade à base d'antibiotiques et de cortisone. Mettez les gouttes le matin et la pommade le soir.

Il est très important de ne pas employer les gouttes et la pommade à base d'antibiotiques, si l'ulcère est infecté: vous ne feriez qu'aggraver l'infection en empêchant les mécanismes de défense du chien d'agir.

### L'ulcère de la cornée

L'ulcère de la cornée est la maladie de l'oeil la plus grave. Elle se caractérise par l'opacité de la cornée et sa surface rugueuse. Vous décèlerez ces symptômes en regardant l'oeil obliquement sous une lumière assez forte. Vous verrez une auréole grise autour de l'ulcère. Cette auréole peut s'étendre à toute la cornée et du pus peut se former entre la cornée et l'iris de l'oeil.

Pour les *petits ulcères* d'environ un millimètre de long, donnez à votre chien des gouttes antibiotiques toutes les trois heures et frottez l'ulcère avec une pommade à base d'antibiotiques trois fois par jour. Les *grands ulcères* sont accompagnés d'un rétrécissement de la pupille. Mettez-lui dans l'oeil quelques gouttes d'atropine une fois par jour mais seulement après que votre vétérinaire vous en aura prescrit la dose exacte. Ce médicament devra être employé avec prudence afin que votre Husky n'en avale pas; ces gouttes sont très toxiques. Donnez-lui également des gouttes d'un liquide antibiotique toutes les deux heures et appliquez une pommade antibiotique le soir avant que votre chien n'aille dormir.

Les ulcères très graves peuvent couvrir un tiers et même plus de la cornée tout en provoquant un rétrécissement de la pupille et la formation de pus. Vous devrez appliquer des gouttes d'atropine trois fois par jour et des compresses d'une solution antibiotique (eau froide distillée et quelques gouttes antibiotiques) pendant environ quinze minutes toutes les deux heures et demie. Vous verserez goutte à goutte, en même temps, des gouttes antibiotiques toutes les heures et demie. Si l'état de votre chien ne s'améliore pas, adressez-vous à votre vétérinaire qui prendra en charge votre chien et agira au mieux pour le remettre sur pattes au plus tôt, à votre grande joie.

**La cataracte**

Cette maladie touche principalement les chiens âgés. Elle peut également se manifester à la suite d'un traumatisme violent dû à une intoxication ou à d'autres maladies comme le diabète par exemple. Les symptômes de la cataracte sont facilement repérables: la pupille, qui est normalement noire, devient blanche ou grise. Le traitement ne permettra pas, en général, de guérir votre Husky; il ne pourra qu'arrêter la lésion. On fait actuellement des essais pour instaurer les techniques employées sur les humains: même si l'opération réussit, on peut se heurter à des problèmes postopératoires et à l'impossibilité de remédier à l'absence de cristallin par des lentilles.

## *LES MALADIES DE L'OREILLE*

Il est conseillé de peigner soigneusement les oreille du chien qui peuvent retenir toutes sortes de parasites. Prenez également votre temps pour bien nettoyer le pavillon du conduit auditif. Servez-vous de cure-oreilles et d'un produit antiparasitaire, anti-inflammatoire et antibiotique disponible sur le marché.

### L'otite externe

Il s'agit de l'inflammation du conduit auditif causée par le cérumen, la saleté ou par l'introduction d'un corps étranger.

### L'otite interne

L'otite interne est plutôt rare et il est souvent difficile de la distinguer de l'otite moyenne. Ses principaux symptômes sont la présence de fièvre, des troubles d'équilibre, une certaine surdité, une grande nervosité et des vertiges.

**L'otite moyenne**

L'otite moyenne est l'inflammation de la caisse du tympan provoquée par la présence d'un corps étanger ou par des lésions traumatiques. L'otite moyenne apparaît souvent à la suite des complications d'une otite externe.

**L'otite parasitaire**

Comme pour la gale, cette maladie est provoquée par la présence d'un parasite du même genre que l'acarien. Ce parasite se fige dans le conduit auditif. Il se nomme *symbiotes auriculare*. Il sera nécessaire de faire un examen microscopique pour être certain du diagnostic. Un Husky atteint d'une otite parasitaire se gratte énergiquement, secoue la tête et est parfois sujet à de véritables crises nerveuses.

*Traitement général des différentes otites*

Assurez-vous de manière préventive de la propreté du conduit auditif. Quand une otite moyenne se déclare et qu'elle est purulente, faites des instillations (goutte à goutte) d'antibiotiques et de sédatifs. Quand il s'agit d'une otite parasitaire, nettoyez d'abord l'oreille et ensuite soignez-la avec les médicaments prescrits pour la plaie. Il n'est pas inutile d'ajouter au traitement local un traitement général à base de sulfamides.

**L'ulcère du pavillon**

L'ulcère du pavillon se manifeste par de petites blessures sur le bord extérieur de l'oreille. Soignez votre chien avec des poudres cicatrisantes et des solutions désinfectantes. Bandez son oreille afin qu'il ne fasse pas d'hémorragie.

## *DIVERSES MALADIES*

### Le coryza

Le coryza, également appelé rhinite catarrhale, est une simple inflammation de la muqueuse nasale due à un virus. Ce virus provoque une grippe que l'on compare parfois à un simple rhume. Observez bien votre chien pour ne pas confondre le coryza avec la gourme: les symptômes se ressemblent. Cette maladie se manifeste par des éternuements répétés, une sécrétion nasale aqueuse qui devient purulente par la suite. Les causes principales du coryza sont les changements brusques de température accompagnés d'une hausse d'humidité et de froid. Gardez votre Husky bien au chaud.

Traitez l'infection avec une préparation salicylique et des inhalations à base d'essence de térébenthine que vous verserez, goutte à goutte, dans une cuvette remplie d'eau bouillante. Rendez votre compagnon compréhensif en lui parlant doucement, il est plus que probable qu'il n'aimera pas le traitement...

### L'épilepsie

Les causes de l'épilepsie sont multiples. Elle se manifeste surtout chez le chien âgé et elle prend, dans ce cas, une forme nerveuse chronique. L'*épilepsie chronique* est héréditaire et touche le système nerveux, et plus précisément le cerveau, sans qu'on y trouve de lésions. L'*épilepsie secondaire* est provoquée par les séquelles de la gourme, par des traumatismes, des intoxications, etc.

Les attaques épileptiques sont imprévisibles: elles peuvent être fréquentes ou être espacées par de longs intervalles. Elles peuvent être causées par une peur soudaine ou par une excitation trop forte.

Votre Husky tombe sur le sol en agitant convulsivement les pattes. Son cou se replie en arrière, il roule des yeux et sa gueule est pleine de bave. Pendant l'attaque épileptique, les pupilles du chien seront très dilatées et totalement insensibles à la lumière. Ne confondez pas cette forme d'épilepsie avec l'*épilepsie réflexe* provoquée par des vers intestinaux ou la constipation, qui n'est pas dangereuse et disparaîtra avec sa cause. Votre vétérinaire vous aidera à les distinguer.

Il n'existe pas de médicaments qui peuvent véritablement guérir le chien. Certains traitements peuvent atténuer et réduire les attaques. Votre vétérinaire vous conseillera des calmants pour atténuer les crises, probablement des médicaments à base de bromures, calmants par excellence. Le chloral hydraté et le luminal peuvent également lui être administrés.

## La maladie de Carré *(distemper)*

Il s'agit d'une maladie très grave. Les difficultés du traitement ainsi que la fréquence des apparitions de cette maladie, qui se transforme généralement en épidémie, devront vous mettre en garde quand vous observerez les symptômes. C'est entre six mois et un an que les chiens sont les plus frappés par la maladie. Elle n'épargne néanmoins pas les chiens adultes; même les chats peuvent être contaminés.

Il semblerait que cette maladie se transmette par les urines des chiens déjà atteints: nous ne vous apprendrons rien en vous rappelant qu'il n'existe pas de chiens qui puissent s'empêcher de les renifler. Si votre chien prend son repas avec un chien déjà atteint par la maladie ou s'il touche à des objets déja contaminés, il peut aussi être contaminé. Une épidémie est très difficile à enrayer car les germes résistent aux antiseptiques.

À titre de prévention, en élevant votre chiot, évitez de l'exposer à l'humidité et aux changements brusques de température, principalement du chaud au froid. Veillez à la propreté de son "coin" et à son alimentation.

Vous remarquerez aisément les symptômes avant-coureurs de la maladie: une certaine fatigue, un manque d'appétit prononcé, un amaigrissement, des éternuements, des yeux chassieux et des attaques convulsives. Ne lui administrez pas un quelconque remède: consultez plutôt un vétérinaire afin qu'il fasse un diagnostic sérieux qui pourra sauver votre chien.

Vous remarquerez, chez le chien atteint, la formation de petites pustules sur la peau du ventre et à l'intérieur des cuisses, après l'apparition de petites taches rouges. Les pustules éclateront quand le chien se grattera et des croûtes semblables à celles de l'eczéma se formeront. Les croûtes disparaîtront assez rapidement.

Isolez immédiatement le chien qui a la maladie dans un endroit peu éclairé. Surveillez son alimentation. Donnez-lui des oeufs, du lait, du sucre et d'autres aliments consistants. Lavez-lui les yeux et le nez aussi souvent que nécessaire; restez près de lui et assistez-le moralement, il en a besoin.

Il en existe plusieurs formes. S'il s'agit d'une forme bénigne, votre vétérinaire réussira certainement à guérir votre animal, mais il devra être surveillé durant sa convalescence afin de ne pas faire de rechute. Mais la forme nerveuse est plus dangereuse; le chien aura des crampes, des spasmes et il sera atteint de paralysies qui auront une issue fatale. Dans un cas pareil, faites-vous conseiller par votre vétérinaire. En effet, si votre compagnon souffre atrocement, il vous conseillera peut-être de le supprimer afin de lui éviter des souffrances inutiles.

Si les parasites qui se trouvent dans l'intestin du chien affaiblissent l'organisme, il n'est pas prouvé qu'il existe une relation entre la présence de ces vers et l'apparition de la maladie. Encore une fois, ne choisissez pas vous-même la médication: consultez votre vétérinaire.

Voici une liste de différentes formes et de leurs manifestations qui vous permettra de faire un rapport aussi exacte que possible au vétérinaire.

*La forme commune* a une période d'incubation pendant laquelle le germe se développe et intoxique l'organisme. La température montera à 40 °C et sera suivie des symptômes généraux de la maladie.

La *forme cutanée* n'est pas grave. Elle reste bénigne dans son évolution et, quand les petites pustules guérissent (spontanément), elles deviennent des plaies et se cicatrisent sans problème.

La forme la plus rare est la *maladie de Stuttgart*. Le chien aura des vomissements, des déjections avec du sang, une température élevée et il ressentira une faiblesse générale. La dernière phase de la maladie de Stuttgart est l'inflammation de l'intérieur de la gueule. Le Husky ne survivra qu'environ quarante-huit heures.

La *forme oculaire* se remarque par l'inflammation des yeux suivie rapidement de la formation de croûtes qui empêchent les cils de se détacher. La cornée s'enflamme et se voile. Il y a, à ce moment, danger que votre chien devienne aveugle. L'inflammation se développe et touche la peau qui entoure l'oeil: on peut alors remarquer une espèce d'épilation qui donne une expression étonnante comme si votre chien portait des lunettes. On peut, dans cette phase, lui laver les yeux avec une solution d'acide borique.

La *forme respiratoire* est assez fréquente. Votre chien éternuera, toussera, et sa respiration sera rendue difficile du fait que les orifices de ses narines seront bloqués par un liquide. Cette sécrétion provoquera une inflammation de la muqueuse nasale qui s'ulcérera. On remarquera des traces de sang dans l'écoulement nasal, qui deviendra purulent par la suite. La température montera jusqu'à 41°C et sera suivie d'une bronchite. Le stade final sera une broncho-pneumonie, une pleuro-pneumonie ou une pleurésie.

La *forme intestinale* se remarque lorsque votre chien a plus soif qu'à son habitude tout en manifestant un manque d'appétit. Il vomira de plus en plus de liquides qui deviendront rapidement malodorants; il deviendra nerveux. Dès que vous remarquerez ces symptômes, appelez immédiatement le vétérinaire. Ce n'est que si vous agissez rapidement que votre Husky pourra être soigné et sauvé.

Comme vous aurez pu le remarquer, toutes les formes peuvent être contrôlées lorsqu'elles sont traitées à temps. Mais si vous vous y prenez trop tard, les centres nerveux peuvent être atteints: votre chien aura alors des crises épileptiques, sera atteint de paralysies et d'autres symptômes qui le condamneront.

Vous surveillerez attentivement tous les stades de la guérison parce qu'il arrive souvent que, suite à la maladie, votre chien souffre de complications pulmonaires, en attrapant une pleurésie ou une pneumonie ou les deux à la fois.

En résumé, la maladie est difficile à détecter et les rechutes sont toujours possibles. Environnez le chien d'une rigoureuse propreté, isolez-le et alimentez-le convenablement. Ce sont là les meilleures règles. Et encore: n'agissez pas sans les conseils et la surveillance de votre vétérinaire.

**La tuberculose**

Cette maladie peut toucher autant l'homme que le chien. Le chien pourra être contaminé par l'homme, en mangeant par exemple les restes de son repas. À titre de prévention, apprenez-lui lors du dressage à ne pas accepter de nourriture d'un étranger et à ne pas se nourrir de déchets dont il ne connaît pas l'origine.

La tuberculose est une maladie qui dure longtemps et qui devient souvent chronique. Le Husky maigrira au fur et à mesure de la progression de la maladie. Puis il perdra complètement l'appétit. Vous remarquerez une diminution considérable ou même la disparition de sa volonté. Sa température sera un peu plus élevée que la normale. Vous ne vous adresserez généralement au vétérinaire que lorsque certains symptômes plus graves apparaîtront: une respiration saccadée et plus rapide, des muqueuses très pâles, un amaigrissement et de la fatigue.

Il existe deux formes de tuberculose. La *tuberculose pulmonaire* se caractérise par une toux, un écoulement de pus du nez et par une pleurésie accompagnée de fortes transpirations. La *tuberculose abdominale* se caractérise par un grossissement de la région du ventre, de la diarrhée, un épanchement de liquide aqueux dans les parois intérieures de l'abdomen et un manque d'appétit.

Au début de la maladie la température est d'environ 39,5 °C. Au cours de la maladie, elle atteint parfois plus de 40 °C. La tuberculose est difficilement détectable et peut aisément être confondue avec d'autres maladies appartenant au système respiratoire ou au système gastro-intestinal. Votre indice le plus sûr pour savoir si votre Husky est atteint de tuberculose sera sa maigreur inhabituelle, l'apparition de creusements sur son crâne et la réduction de ses muscles.

Afin d'en être certain, demandez à votre vétérinaire de faire un examen microscopique pour identifier le bacille de Koch. Ce bacille peut être repéré dans le liquide du nez et dans le liquide péritonal. On n'est jamais certain de pouvoir guérir un chien atteint de tuberculose; le traitement est long et difficile. Les souffrances de votre compagnon vous feront peut-être prendre une décision radicale pour abréger ses souffrances.

**Le tétanos**

Cette maladie est due au développement dans une plaie du bacille de Nicolaier. Bien que le tétanos soit plutôt rare chez le chien, vous devrez tout de même vous méfier des plaies de votre Husky souillées de fumier,de terre ou d'autres éléments et, à titre de prévention, lui faire faire une injection de sérum antitétanique. Vous pouvez d'ailleurs, pour être tout à fait tranquille, le faire vacciner par votre vétérinaire avec de l'anatoxine tétanique, découverte par le bactériologiste Ramon.

**La bronchite**

La bronchite peut s'attraper par temps humide ou froid. Elle peut aussi être la complication d'un rhume. Vous remarquerez un échauffement du museau, une respiration difficile, une toux sèche et des yeux rouges et larmoyants.

Vous laisserez votre compagnon au repos dans un lieu protégé des changements de température et des courants d'air, tout en lui donnant des sirops balsamiques et antibiotiques. Diminuez ses rations de nourriture. Lorsqu'il se remettra, donnez-lui des nourritures vitaminées et des fortifiants pour qu'il puisse rapidement se remettre sur pattes et jouir à nouveau de la vie.

### La constipation

Une alimentation mal dosée et le manque d'exercices peuvent constiper votre chien. Donnez-lui alors de l'huile de vaseline ou de l'huile d'olive mais n'employez pas de purge ou des laxatifs qui ne pourraient qu'aggraver le mal en irritant la muqueuse intestinale.

### La dysenterie

Si vous remarquez qu'une diarrhée s'aggrave par des décharges liquides abondantes et des vomissements, il s'agit sûrement de dysenterie. Mettez votre Husky au régime en commençant par le faire jeûner pendant vingt-quatre heures. Vous vous adresserez au vétérinaire afin qu'il vous conseille un régime pour que votre chien se débarrasse de cette maladie.

### La gastro-entérite

La gastro-entérite est liée à une mauvaise alimentation, à un manque de propreté ou à l'ingestion d'aliments avariés. Si l'estomac est atteint, le chien aura une mauvaise haleine, un manque d'appétit aggravé par des vomissements incessants, rejetant même l'eau nécessaire pour étancher sa soif, et il sera très déprimé. Quand il s'agit de l'intestin, le chien aura de fortes diarrhées et une fièvre pouvant atteindre 41°C provoquant des entérites dysentériques. La gastro-entérite n'est pas une maladie qui dure longtemps, mais elle peut être fatale. Lorsqu'elle devient chronique, le traitement est très long.

Dès que vous remarquerez que votre Husky est atteint de cette maladie, mettez-le au repos complet et au jeûne total pendant au moins une journée. Donnez-lui, pour calmer sa soif, un glaçon, ou un peu d'eau minérale (non gazéifiée) avec quelques gouttes de jus de citron, en alternance avec du jus d'orange ou du thé. En général votre chien refusera toute nourriture mais essayez de lui faire avaler une tasse de bouillon ou d'eau de riz. S'il n'y a pas d'amélioration, adressez-vous au vétérinaire qui prescrira des injections de cardiotonique et des solutions glucosées.

### Le diabète

Il y a deux sortes de diabète: le diabète mélitus et le diabète insipide. Le *diabète mélitus* provient d'une grande perturbation du métabolisme du chien: en effet son pancréas ralentit ou cesse complètement la fabrication de l'insuline; au lieu de nourrir les tissus, le sucre est alors éliminé dans les urines. Votre chien pourra continuer à avoir de l'appétit mais s'affaiblira au fur et à mesure que la maladie se prolongera. Il aura de plus en plus faim et soif. La quantité d'urine éliminée augmentera sensiblement. Sa peau deviendra sensible aux infections et aux lésions qui se cicatriseront plus lentement et plus difficilement.

Votre vétérinaire prescrira des piqûres quotidiennes d'insuline à dose variable selon la taille et le poids de l'animal. Vous éviterez de lui donner, dans son alimentation, des farineux et des aliments sucrés, quels qu'ils soient. Si vous ne traitez pas le diabète, votre chien entrera dans le coma diabétique qui précède la mort.

Le *diabète insipide* provient de lésions des centres nerveux ou des suites d'une autre maladie qui l'aura affaibli. Son urine sera abondante et claire, il maigrira progressivement et il aura une grande soif jamais étanchée. Il s'affaiblira et aura de très grandes périodes de somnolence. Votre vétérinaire lui prescrira des toniques et de petites doses de stéroïde. Armez-vous de patience, le traitement sera très long.

## La rage

Cette terrible maladie, jusqu'à la découverte du sérum antirabique par Pasteur, était le cauchemar de tous les propriétaires d'animaux. Cette maladie, bien qu'elle ne soit pas totalement enrayée, est maintenant contrôlée et il est possible d'immuniser votre chien. Néanmoins, il est absolument nécessaire que vous en connaissiez les symptômes si elle se manifestait.

Un des premiers symptômes de la rage est le besoin de solitude de votre chien. Il ne sera pas déterminant puisque ce besoin est aussi le symptôme d'autres maladies. L'inverse peut d'ailleurs se produire: votre chien peut devenir soudainement joyeux. Il faut distinguer la rage furieuse et la rage muette. S'il a la *rage furieuse*, le chien aboie et mord; il devient furieux et menaçant, il voudra mordre les personnes et les objets, au risque de se briser les dents. S'il a la *rage muette*, il restera calme sans aboyer mais il aura toujours la gueule ouverte et il deviendra insensible à la douleur.

Dans les deux cas, l'animal s'éloignera instinctivement de la maison; vous ne le verrez pas avant deux ou trois jours. Pendant ce temps, il errera en se nourrissant de pierres, de clous, de chiffons ou des choses les plus répugnantes et les rejettera mêlées à du sang. Il cherchera à boire, tourmenté par la soif. Il ne reviendra dans la maison de son maître que pour y mourir. Il aura aussi des hallucinations: il croira voir des personnes et des objets qui n'existent que dans son imagination malade. Ses paupières s'abaisseront et il aura le regard embué et fuyant. Il tentera de se gratter la gorge comme s'il avait avalé quelque chose. La paralysie commencera par toucher ses membres postérieurs puis se développera dans tout le reste de son corps.

Ne confondez pas la rage avec une attaque d'épilepsie. Pendant une attaque d'épilepsie, le chien aura également des convulsions, de l'écume aux lèvres, mais cela ne dure que quelques minutes et n'a rien à voir avec la rage.

Votre vétérinaire, après un examen scrupuleux, pourra diagnostiquer, en deux jours, la maladie.

Si vous êtes mordu par un chien qui semble avoir la rage, vous devrez avoir le traitement préventif selon la méthode Pasteur. Il vaut mieux prévenir que de risquer une infection. Il faut immédiatement désinfecter la blessure. Comme règle, n'approchez pas les chiens que vous ne connaissez pas ou que vous croyez atteints de la rage, surtout s'ils ont des déchirures à la gueule.

**L'obésité**

L'obésité est un excédent de poids. Si votre Husky a un tempérament actif, s'il court et bouge continuellement, il n'aura pas tendance à être obèse; par contre s'il est d'une nature nonchalante et même paresseuse, il y a toutes les chances qu'il le devienne si vous ne prenez pas vos précautions. Une vie sédentaire, surtout s'il est âgé, et une nourriture trop abondante favorisent aussi l'obésité chez cet animal.

Si votre chien a tendance à grossir, diminuez sa ration d'aliments, évitez surtout de lui donner du pain, des pâtes, tout ce qui est sucré ou gras et faites-le jeûner une fois par semaine. Ces conseils, ajoutés à des promenades et à des exercices lui permettront de retrouver une ligne digne de sa race.

**Les rhumatismes**

On connaît mal les raisons des affections rhumatismales qui atteignent les articulations et les muscles d'un chien. Plusieurs théories sont avancées: elles pourraient être propagées par un virus ou provenir des suites d'allergie ou d'uricémie. Le Husky étant fragile des articulations, vous devrez surveiller attentivement votre chien.

Étant donné que ce sont surtout les chiens adultes qui sont atteints, on croit que le mal est lié à l'âge ou au manque d'exercice. Les rhumatismes se logent surtout dans les muscles, le dos, les reins et le cou. Le traitement est simple: appliquez des doses de salicylate de sodium et faites avaler à votre chien de petites doses d'aspirine. Gardez votre chien au chaud.

### La nervosité excessive

Si votre chien ne dort plus, aboie continuellement et devient agressif tout en ayant l'air en bonne santé, vous devrez le faire soigner pour des troubles d'ordre psychologique. Ces troubles peuvent intervenir lors d'un voyage, d'un déménagement ou lors de l'achat de votre Husky. Administrez-lui un sédatif. Si ces troubles dégénèrent en convulsions ou en crises nerveuses graves, adressez-vous au vétérinaire au plus tôt.

## *LES MALADIES DE LA FEMELLE*

### L'éclampsie

Quand la chienne est prête à mettre bas, et encore plus souvent après la naissance de ses chiots, elle peut avoir une crise semblable à une attaque d'épilepsie. Elle se balance puis tombe sur le côté; ses pattes deviennent raides et elle les lance dans le vide; elle commence à baver.

Tous ces symptômes peuvent disparaître comme ils sont venus mais, comme il n'est pas possible de prévoir une récidive, adressez-vous à votre vétérinaire qui prescrira un calmant ou des injections de sels de calcium. Il décidera également s'il est bon de continuer l'allaitement de chiots; le surplus de calcium pourrait leur être néfaste.

### La grossesse nerveuse

Votre Husky femelle pourra se comporter comme si elle était enceinte sans avoir eu de contact avec un mâle. Elle oubliera de se nourrir, elle gémira et se mettra à préparer une couche pour les soi-disant nouveau-nés. Même ses mamelles pourront gonfler. La grossesse nerveuse est tout de même peu courante et n'affecte que les femelles vierges. Il est rare qu'elle se reproduise, mais si c'est le cas, adressez-vous au vétérinaire qui décidera, avec vous, s'il y a lieu de pratiquer l'ablation des ovaires et de l'utérus.

### Les kystes ovariens

Les kystes ovariens sont plutôt rares chez la chienne parce que les follicules restent liquides. Mais si néanmoins elle est atteinte, votre chienne sera en chaleur de façon permanente et elle ne pourra probablement pas procréer. Le vétérinaire devra pratiquer l'ablation des ovaires et de l'utérus pour la guérir.

### La vaginite

Au cours d'une saillie, le pénis du mâle peut causer des lésions au vagin provoquant ainsi une inflammation. La vaginite peut également survenir après la mise bas. Vous remarquerez, si votre chienne souffre d'une vaginite, qu'elle devient nerveuse et qu'elle perd du sang par la vulve. Le vétérinaire fera suivre à votre chienne un traitement antibiotique adéquat.

**La vulvite**

Les causes de la vulvite sont les mêmes que celles de la vaginite. La partie externe du vagin, la vulve, s'enflamme. L'application d'une pommade à base d'antibiotiques devrait suffire.

**La mammite**

La mammite, ou mastite, est l'inflammation d'une ou de plusieurs mamelles. Cette inflammation est causée par un coup, une infection bactériologique ou une congestion; elle provoque la lésion du téton. Ce sont souvent ses petits qui en sont responsables, surtout si la mère n'a pas suffisamment de lait. La chienne s'éloigne alors de ses chiots puisqu'à chaque fois qu'ils tètent, elle sent une douleur provenant du tiraillement de ses mamelles. Le vétérinaire soignera votre Husky avec des médicaments à base d'antibiotiques.

**La métrite**

La métrite est l'inflammation de l'utérus. Elle est due à des infections provenant d'une retenue des enveloppes foetales. Elle peut également survenir lors d'un accouchement. Vous remarquerez une sécrétion liquide malodorante et sanguinolente. La femelle perdra l'appétit, elle faiblira physiquement, perdra du lait et sa température montera parfois jusqu'à plus de 40°C. Consultez aussitôt le vétérinaire: il prescrira les médicaments appropriés ainsi que des antibiotiques qui feront baisser la fièvre.

La propreté de sa couche ainsi que la propreté de ses parties génitales, lorsque la chienne met bas, sont les meilleures préventions contre cette maladie.

## *LES MALADIES DU MÂLE*

### L'altération du pénis

Deux cas peuvent se présenter: l'inflammation de l'extrémité du pénis provoquée par un traumatisme; la fracture de l'os pénien au cours d'un accouplement ou lors d'un choc contre un obstacle. Le vétérinaire, qui devra être immédiatement consulté, lui administrera des antibiotiques dans le cas de l'inflammation et aura recours à une intervention chirurgicale s'il y a fracture.

### L'orchite

L'orchite est l'inflammation d'un ou des deux testicules de votre Husky. Elle est presque toujours due à un coup reçu dans les parties génitales. Quelquefois, l'orchite peut se déclarer à cause de microbes.

Pour soulager votre chien, appliquez des compresses chaudes et humides imprégnées de sulfate de soude. Consultez votre vétérinaire s'il y a infection: il vous prescrira les antibiotiques appropriés.

Le Husky est un attendrissant chien de compagnie.

# La bonne conduite

Le Husky est un animal très sociable.

# Ses activités

Le Husky a des aptitudes particulières pour être soit un excellent chien de travail soit un attendrissant chien de compagnie. Il est peu sujet aux maladies, et il est très propre. Il est malicieux et bien moins féroce que son aspect rappelant celui du loup le laisserait croire.

D'un tempérament exclusif, ce n'est pas un cabotin, comme le Caniche par exemple. Il ne se laissera pas asservir et vous devrez le dresser avec gentillesse et affection. N'oubliez pas qu'il vous considère comme le chef de sa meute: vous êtes le maître. Soyez très patient: il refusera de vous obéir si vous usez de brutalité.

Vous le dresserez à vous rapporter des choses, à trottiner près de vous quand vous vous promènerez, à s'arrêter sur votre ordre, à s'asseoir, à se coucher, à ne pas bouger, à venir vers vous, etc.

En résumé, votre Husky sera le fruit du dressage; si vous en avez bien suivi toutes les règles, vous n'en retirerez que des satisfactions. Il est cependant essentiel de ne le dresser qu'en fonction de ses capacités; si vous essayez de le dresser pour un travail qui n'est pas inscrit dans ses gènes, non seulement vous n'arriverez à rien mais en plus vous le rendrez malheureux.

Soyez affectueux avec votre Husky et félicitez-le après chaque exploit. Complimentez-le en le caressant plutôt que de lui donner une sucrerie. Une nourriture appropriée, des promenades et votre propre sérénité lui donneront une excellente forme mentale et physique dont vous n'aurez qu'à vous réjouir.

# Son dressage

Pour atteindre son équilibre, sachez qu'un Husky a besoin d'être dressé. Vous remarquerez avec plaisir, une fois qu'il aura bien assimilé toutes les leçons de dressage, que votre chien est fier d'accomplir ce que vous lui ordonnez. La discipline le rend heureux et lui donne de l'assurance. Le Husky étant d'un naturel indépendant et ne se laissant pas asservir facilement, il y a un long chemin à parcourir avant d'en arriver à ce stade. Nous vous conseillons de vous faire aider par un dresseur professionnel, choisi avec discernement après avoir pris conseil autour de vous.

La première partie du dressage du Husky vise à faire comprendre à l'animal les contraintes de la vie de tous les jours: comment ne pas aboyer, grogner ou hurler (en effet n'oubliez pas que le Husky a parfois tendance à grogner ou à hurler au lieu d'aboyer) quand on le lui ordonne, ne pas faire ses besoins là où vous ne le lui permettez pas, savoir se tenir en laisse, ne pas voler, répondre à l'appel de son nom, marcher près de vous si vous le lui ordonnez, etc. En fait, dès le début de sa vie, votre chien devra assimiler une éducation qui lui sera utile dans ses relations avec autrui.

La deuxième partie du dressage doit amener votre Husky à être physiquement et moralement mûr pour obéir. Cette phase du dressage se fait quand votre Husky a environ sept mois.

Comme nous vous l'avons appris précédemment, le Husky est le chien d'un seul maître, ne l'oubliez surtout pas. Il obéira à une personne qui saura se faire respecter par lui et lui donner des ordres clairs. Si, au cours du dressage, votre chien devient hargneux, sachez que vous en êtes responsable. Votre compagnon a besoin d'être dominé; soyez sévère, donnez les ordres adéquats mais restez toujours juste. Le Husky a beaucoup de mémoire.

Il s'agit aussi d'un chien intelligent: un dresseur habile peut lui faire comprendre beaucoup de mots différents et même parvenir à ce que le chien réponde par des gestes à certaines questions qu'il lui posera. Ne compromettez pas l'avenir de votre chien et vos relations avec lui par un mauvais dressage; l'effort en vaut la peine.

## Le dressage du chiot

Commencez par habituer votre chiot à satisfaire ses besoins à l'extérieur. Donnez-lui une place fixe à cet effet, un endroit qui restera le sien.

Ne grondez votre chiot qu'au moment où il accomplit une quelconque bêtise, parce que, le moment passé, il ne pourrait, en aucune façon, comprendre la raison de sa punition. Sachez donc que votre Husky, comme les autres chiens, ne peut lier la cause à l'effet que si ces deux actes sont simultanés. Complimentez, récompensez votre jeune chien lorsqu'il fait ce que vous lui demandez. Cette méthode est excellente puisque, pour recevoir une récompense, il répétera les mêmes gestes dont la répétition fera des gestes habituels.

Ne frottez jamais le nez de votre chiot sur la cause de sa bêtise; ce geste est totalement inutile et pourrait même être néfaste. Si votre chiot fait une bêtise, grondez-le immédiatement. S'il fait ses besoins là où il n'est pas autorisé à le faire, sortez-le pour lui montrer l'endroit qui lui est réservé. Votre Husky n'est pas, de nature, désobéissant et il est propre par instinct. Il renifle le sol ou il cherche à s'isoler: emmenez-le tout de suite à l'endroit réservé à ses besoins.

Éduquer votre chien est bien mais pas suffisant: vous aurez à éduquer également votre famille; le chiot copie tout et il ne faudra donc pas lui montrer de mauvais exemples.

Dresser un chien de façon approximative n'a jamais rien donné de bon. Si vous vous sentez paresseux, il est préférable de vous adresser à des spécialistes pour dresser votre Husky. Un bon dressage pourrait vous coûter deux ou même trois fois le prix payé pour le chien, mais il s'agit d'un investissement rentable si l'on tient compte des services que vous rendra votre compagnon en devenant un bon chien de travail ou de compagnie.

Il est aussi possible de dresser vous-même votre Husky. Nous vous donnons les détails d'un dressage que vous pouvez effectuer vous-même. Il vous donnera des résultats satisfaisants si vous le faites avec sérieux et un sens de l'éducation.

## Les principes

Voici les différents principes à suivre pour dresser votre Husky avec efficacité:

1. Les ordres doivent être donnés de manière à ce que le chien puisse associer le ton de votre voix à leur exécution. Le chien ne peut pas saisir la signification des mots prononcés, il obéira donc d'après la tonalité. Il est absolument nécessaire de faire comprendre à votre chien le lien entre l'ordre donné et l'exécution de l'exercice. Vous y arriverez à force de patience et surtout de répétitions; ne changez surtout pas le ton de votre voix; ayez toujours le même ton pour le même ordre.
   S'il s'agit d'un exercice à un seul mouvement, l'ordre doit être donné sur un ton sec par des motscourts; s'il s'agit d'une série de mouvements, sur un ton plus amical et par des mots plus longs. N'oubliez pas que votre Husky est un animal plutôt nerveux, doux et sensible et que, si vous lui donnez un ordre lorsque vous êtes énervé, vous provoquerez chez lui la confusion et le doute.
2. Commencez le dressage par des exercices faciles en allant progressivement vers les

plus difficiles. Ne commencez pas une nouvelle phase du dressage avant que la phase précédente ne soit totalement assimilée.

3. Chaque leçon de dressage se terminera quand le chien aura accompli l'exercice; vous ne devez jamais interrompre une leçon avant que le chien n'ait terminé l'exercice que vous lui avez donné à faire. Si vous le faites, même une seule fois, vous créerez une habitude d'indiscipline et de désobéissance. Il vous sera difficile, par la suite, de lui faire perdre ces mauvaises habitudes. Si vous voyez que votre chien est fatigué, terminez la leçon dès qu'il aura accompli l'exercice de façon satisfaisante. N'oubliez pas de le féliciter.

   Quand l'exercice est composé de plusieurs mouvements et que votre chien n'a pas compris ou n'exécute pas de façon satisfaisante une partie de cet exercice, faites-le-lui répéter au complet et non seulement pour la partie mal faite: vous devez obtenir un lien parfait entre tous les mouvements qui le composent.

4. Lorsque vous donnez un ordre, soyez gai, énergique et dynamique. Donnez l'exemple à votre chien. Évitez les mauvaises manières et les gestes d'impatience.
5. Vous devez faire répéter les exercices dans des endroits différents afin que l'environ-

nement n'influence pas le chien. Quand les premiers exercices d'obéissance auront été bien assimilés, passez à des exercices plus difficiles.

6. Il est bon, avant de commencer une leçon, de laisser votre Husky satisfaire ses besoins physiologiques; laissez-lui pour cela quelques minutes de liberté.
7. Faites-vous un horaire pour le dressage du chien. Le meilleur moment est avant ses repas. Il considérera ainsi la nourriture qu'il reçoit comme une récompense pour avoir bien accompli ses exercices. N'amenez jamais votre Husky sur le terrain d'exercice juste après les repas: le chien réagira avec paresse et sans enthousiasme aux ordres que vous lui donnerez.
8. Si vous vous sentez nerveux, il vaut mieux renoncer à la leçon et la reporter à plus tard; dans cet état, vous n'obtiendrez rien du chien et vous risquez même de compromettre ce que vous avez réussi jusque-là.
9. Comme tout un chacun, votre Husky peut ne pas avoir envie de travailler ou être indisposé pour une quelconque raison. Observez toujours votre compagnon attentivement avant chaque leçon pour déceler s'il n'est "pas d'humeur" à faire ses exercices. Traitez-le avec affection et humanité, préoccupez-vous de sa santé: il est quelquefois préférable de remettre la leçon à plus tard.
10. Examinez tous les jours les pattes, les ongles

et les espaces interdigitaux de votre Husky; soignez-le si vous remarquez des piqûres, des lésions ou tout autre bobo.

11. Le collier clouté ne doit être utilisé que pour faire comprendre à un chien très rebelle ou au caractère extrêmement difficile que la désobéissance ne paie pas et est punie durement. Ne l'utilisez pas pour punir un chien qui refuse ou qui est incapable d'exécuter convenablement un exercice.
12. Ne vous laissez pas prendre par surprise par votre chien. Essayez de deviner pourquoi il ne veut pas faire un exercice: il est préférable de ne pas le lui faire faire plutôt que de le voir l'arrêter de lui-même.
13. Si votre chien refuse d'exécuter un exercice qu'il est capable d'accomplir, grondez-le sévèrement *immédiatement* et ordonnez-lui de l'exécuter. Par contre, si votre chien s'est trompé parce qu'il n'a pas compris, faites-lui répéter l'exercice, sans le gronder.
14. Ne prononcez pas de longues phrases en donnant des ordres au chien, il ne comprendrait pas. Peu de mots sur un ton impératif.
15. Quand votre élève a bien travaillé, complimentez-le par quelques tapes affectueuses sur le cou avec le plat de la main et faites-lui faire une petite halte dans son entraînement; offrez-lui de temps en temps une friandise mais sans exagérer car cela n'est pas conseillé pour sa bonne forme et

sa santé. Quand vous le félicitez pour l'exécution de ses exercices, parlez-lui sur un ton amical et affectueux.

16. Si vous avez décidé de dresser vous-même votre chien, vous ne devez jamais vous faire remplacer lors des leçons de dressage. Le Husky a besoin d'un seul maître qu'il considère comme le chef de sa meute.
17. Ne faites pas de votre Husky un clown en lui faisant faire devant vos amis des exhibitions d'habileté. Ce serait une grande erreur de transformer en jeu ce qui doit être pour votre chien un travail.
18. Lorsque vous en aurez terminé avec la leçon de dressage, ne donnez pas tout de suite à boire au chien. Attendez qu'il se calme et que son agitation disparaisse.
19. Après la leçon et avant de le libérer, brossez-lui et frottez-lui énergiquement avec un torchon destiné à cet usage le dos, l'arrière-train et la poitrine. Laissez-le se relaxer et satisfaire ses besoins physiologiques.

## Le dressage

La première chose à faire lorsque vous décidez de dresser votre chien est d'établir une liste des exercices qui conviennent le mieux à son activité future, c'est-à-dire à la "profession" à laquelle vous le destinez. Vous observerez bien vite que votre Husky est un animal que vous pouvez dresser facilement. Il est intelligent et généralement obéissant. Il apprendra vite ses leçons et les mémorisera facilement. Quoi qu'il en soit, vous avez acheté un chien pour en faire un ami et en attendre certains services. Il sera votre serviteur mais pas votre chien de cirque: entraînez-le donc sérieusement et non pour faire la joie de vos amis.

Sachez que vous n'apprendrez absolument rien de neuf à votre chien: il accomplit déjà tous les exercices mais à son propre avantage; il se couche et s'assied, il saute, attaque, se défend et rapporte des objets.

En fait, lorsqu'on parle de dresser un chien, il s'agit d'utiliser son savoir, ses aptitudes et ses capacités quand il en reçoit l'*ordre* et non selon son humeur. En d'autres mots nous employons les possibilités du chien à notre profit, pour nous venir en aide en cas de besoin, par exemple.

Ne commencez pas le dressage proprement dit avant l'âge de huit mois il est même conseillé d'attendre qu'il ait neuf mois. Il faudra attendre son premier anniversaire avant de lui faire faire des exercices d'attaque et de saut: le faire avant cet âge comporte des risques de fractures ou de luxations, son ossature n'étant pas encore suffisamment solide. Il est préférable de consulter votre vétérinaire qui pourra vous dire si vous pouvez commencer le dressage en considérant l'état du développement de l'animal.

Comme pour tout autre travail, vous aurez besoin, pour le dressage de votre Husky, d'une série d'instruments qui vous seront utiles pour la plupart des exercices:

- un collier de cuir;
- un collier à noeud coulant en chaînette métallique;
- un collier clouté;
- un harnais et une laisse à mousqueton d'environ 6 m (20 pi);
- une laisse de dressage en cuir de 1,5 m (5 pi), équipée d'un mousqueton;
- une muselière en cuir à trame serrée;
- un fouet en cuir dur de 1 m (3 pi) (genre cravache);
- un bâtonnet de 25 à 30 cm (10 po à 12 po);
- une corde en plastique ou en chanvre équipée d'un mousqueton, d'environ 30 m (98 pi);
- une chaîne métallique de 10 m (33 pi) avec des crochets permettant d'en réduire la longueur selon les besoins;
- un vêtement pour l'attaque, en toile assez épaisse, rembourré, dont l'intérieur est en cuir;
- un revolver, tirant à blanc et à forte détonation qui doit ressembler à une vraie arme;
- une brosse pour la toilette de tous les jours;
- un petit grattoir métallique pour nettoyer la robe du chien;
- un torchon épais et raide pour frictionner le chien après ses leçons;
- un cercle de 80 cm (25 po) de diamètre, avec un socle réglable jusqu'à environ 1,5 m (5 pi);

- un obstacle en bois, pour faire sauter le chien, d'une hauteur réglable de 10 cm (4 po) à 1,5 m (5 pi).

Voyons maintenant quel usage vous ferez de ce matériel:

*Le collier métallique à noeud coulant* peut être soit fixe, soit mobile. Il sert dans les exercices où le Husky est tenu en laisse, pour le rappeler ou pour lui faire comprendre qu'il a mal exécuté ses exercices.

*Le collier clouté* devra être employé avec beaucoup de mesure et de prudence; il peut faire très mal: le cou est une partie délicate du corps de l'animal. Ce collier ne devrait être utilisé que pour mater un chien agressif, très rebelle ou paresseux qui mérite une telle punition.

*Le harnais et la laisse à mousqueton* de 6 m (20 pi) sont utilisés au cours d'exercices en plein air lorsqu'il s'agit de retrouver une personne. Ils vous permettront de suivre le chemin suivi par le chien à la recherche de la trace de la personne.

*La laisse de dressage en cuir* de 1,5 m (5 pi) est l'instrument de correction au cours des exercices. Elle peut aussi servir de signal pour les exercices à distance.

*La muselière en cuir à trame serrée* est utilisée avant que votre chien ne soit entraîné à obéir à l'ordre de "lâcher prise". Vous l'emploierez donc dans les premiers exercices d'attaque et de garde des objets.

*Le fouet en cuir* du genre cravache sert à provoquer le chien au cours des premiers exercices d'attaque. Employez-le plutôt pour le menacer que pour le frapper: menacé, votre chien réagira vivement. Si vous désirez le mettre encore plus en colère, donnez-lui quelques coups mais très légers.

*Le bâtonnet* de 25 à 30 cm (10 po à 12 po) est utilisé pour apprendre au chien à rapporter des objets et à les sortir de l'eau. Vous l'utiliserez également pour lui enseigner le sauvetage de personnes qui sont tombées à l'eau.

*La corde en plastique ou en chanvre* de 30 m (98 pi) est parfois utilisée dans les exercices de recherche de personnes et plus particulièrement au cours d'exercices où le Husky doit parcourir de longues distances.

*La chaîne métallique* de 10 m (33 pi) est utilisée lors des tout premiers exercices d'attaque. Vous pourrez également l'employer pour attacher votre chien à un poteau ou à un arbre ou pour éviter qu'il n'agresse un soi-disant malfaiteur.

*Le vêtement pour l'attaque* doit être endossé par la personne qui joue le rôle de l'agresseur au cours d'exercices d'attaque libre après son entraînement sans muselière et sans laisse. Ce vêtement servira à protéger "l'agresseur" contre les attaques du Husky si vous décidez, bien qu'il ne soit pas fait pour cela, d'en faire un chien de garde et de défense.

*Le revolver à blanc* habitue le chien au bruit des détonations et stimule son instinct de chasse. Il habitue l'animal à un signe de la présence de malfaiteurs, si vous voulez en faire un chien de garde.

*La brosse, le grattoir et le torchon* sont nécessaires pour la toilette du chien à la fin de chaque leçon. Utilisez avec précaution le grattoir, brossez dans le sens du poil. Frictionnez le poil et la peau avec le torchon. Ces instruments favorisent la circulation du sang, la relaxation des muscles et la détente.

*Le cercle à socle réglable* est utilisé pour donner au chien l'habitude de sauter face à différentes situations. Commencez par lui faire faire le saut dans un cercle simple pour en arriver, progressivement, à le faire sauter dans un cercle enflammé.

*L'obstacle démontable à hauteur réglable* permet aussi au chien d'apprendre à sauter des obstacles quand les circonstances s'imposent ou lorsque vous le lui demanderez.

## Les différents exercices

### *EXERCICE: LA MARCHE AU PIED*

*Les ordres:* — "au pied",
— "va".

*Le matériel:* — le collier métallique à noeud coulant,
— la laisse de dressage.

*Les punitions:* — pour une erreur légère: "non", d'une voix douce,
— pour une erreur sérieuse: "pfft", d'une voix sèche et sévère.

Le but de cet exercice est d'apprendre au chien à vous suivre, peu importe le parcours, tout en restant à vos côtés, toujours à votre gauche, sans vous dépasser et sans rester en arrière. À la fin de cet exercice, votre Husky saura marcher correctement en laisse sans tirer sur le collier.

Mettez-lui le collier à noeud coulant auquel vous aurez fixé la laisse de dressage. Placez le chien à votre gauche, de façon à ce que son épaule soit à la hauteur de votre genou et ses pattes au niveau (plus ou moins) de la pointe de vos chaussures. L'espace compris entre votre genou et le chien devra être d'environ 10 centimètres (4 pouces). Faites attention à ce que la ligne de sa colonne vertébrale demeure parfaitement perpendiculaire à la verticale de votre jambe. Il faudra que le chien s'habitue à marcher droit et qu'il ne prenne pas la mauvaise habitude de marcher obliquement.

Au moment de commencer l'exercice de la marche au pied, tenez la laisse dans votre main droite; votre main gauche doit être près du mousqueton, toujours prête à diriger ses premiers essais. Votre Husky qui aura, jusqu'à ce moment-là, toujours été libre de ses mouvements, sera étonné, mais n'y faites pas attention. Ordonnez au chien: "au pied" afin qu'il prenne la position correcte et ensuite ordonnez-lui "va" pour commencer la marche. Il est très important, lorsque vous donnez l'ordre "au pied", de vour frapper la cuisse gauche. Faites un signe de la main qui indiquera le moment du départ en donnant l'ordre "va".

Votre chien commettra quelques erreurs lors de ses premières tentatives; aidez-le en lui faisant répéter l'exercice, en corrigeant ses erreurs sans vous mettre en colère. Si votre chien s'éloigne de votre genou, corrigez-le en lui faisant faire l'exercice le long du mur.

### *EXERCICE: ASSIS*

*L'ordre*: — "assis".

*Le matériel*: — le collier métallique à noeud coulant,
— la laisse de dressage.

*Le lieu de l'exercice*: — sur la piste.

Cet exercice a pour but de lui apprendre à s'asseoir lorsque vous lui en donnez l'ordre.

Ordonnez-lui "au pied", puis "assis" en appuyant sur sa croupe, tout en lui maintenant le menton dans la bonne position. À ce stade du dressage, vous pouvez lui apprendre à obéir aux signaux. Mettez-vous au garde-à-vous et ordonnez-lui "assis" tout en étendant le bras droit, de façon à former un angle droit avec votre corps. Le chien comprendra rapidement que le bras tendu et l'ordre "assis" ont la même signification.

### *EXERCICE: ABOIEMENT SUR UN ORDRE*

*Les ordres*: — "aboie",
— "assez".

*Le matériel*: — le collier métallique à noeud coulant,
— la laisse de dressage.

Attachez-le avec sa laisse à un poteau ou à un arbre. Placez-vous devant lui et, avec l'index pointé dans sa direction, donnez-lui l'ordre "aboie" et menacez-le en agitant l'index. Évidemment le chien ne réagira pas. Éloignez-vous. Le chien ne pourra pas vous suivre puisqu'il est attaché; il réagira alors en aboyant ou en grognant; retournez-vous immédiatement en ordonnant à nouveau: "aboie" tout en agitant l'index. Félicitez-le.

Dès que votre chien répondra sans hésiter, habituez-le à aboyer ou à grogner devant une situation insolite ou un objet étrange.

Apprenez-lui aussi à se taire en lui serrant le museau avec la main droite et répétez sans cesse "assez". Dès qu'il aura réussi cet exercice, félicitez-le chaleureusement.

### EXERCICE: APPEL AU PIED

*L'ordre*: — "viens".
*Le matériel*: — le collier métallique à noeud coulant,
— la laisse de 6 m (20 pi).

Vous avez sûrement déjà habitué votre chien à accourir vers vous dès que vous prononcez son nom. Cet exercice lui apprendra à se placer à côté de votre pied gauche ou devant selon l'ordre que vous lui donnerez.

Pour cet exercice, tenez votre chien en laisse. Lancez une pierre ou un autre objet loin de vous mais pas à plus de 6 mètres (20 pieds) et dites-lui d'aller le chercher. Dès qu'il arrivera près de la pierre, donnez-lui l'ordre "viens" et tirez sur la laisse pour l'obliger à revenir. Caressez-le et félicitez-le.

### EXERCICE: ARRÊTE

*L'ordre*: — "arrête".
*Le matériel*: — le collier à noeud coulant,

— la laisse de 6 m (20 pi),
— un sifflet à ultra-sons.

Cet exercice est important puisqu'il vous permettra de l'empêcher d'attaquer sans raison. Donnez l'ordre "assis". Placez-vous face à votre chien et, après quelques instants d'immobilité, ordonnez "viens" en levant le bras. Dès qu'il commence à s'approcher, ordonnez: "arrête" en étendant le bras droit, la paume de la main tournée vers l'avant.

## EXERCICE: COUCHÉ

*L'ordre*: — "couché".
*Le matériel*: — le collier à noeud coulant,
— la laisse de dressage.

Ordonnez à votre Husky "assis" et dès qu'il sera en position assise, prenez la laisse dans votre main gauche, près du mousqueton qui la fixe au collier et donnez l'ordre "couché"; de la main droite poussez-le par terre pour le forcer à s'étendre les pattes antérieures alllongées en avant, le ventre contre terre et les pattes postérieures repliées.

## EXERCICE: DEBOUT

*L'ordre*: — "debout".
*Le matériel*: — le collier à noeud coulant,
— la laisse de dressage.

Ordonnez-lui "assis" puis "couché" et éloignez-vous. Il prendra automatiquement la position "debout" pour vous suivre.

Faites de ce désir un ordre. Ordonnez au chien "assis" et, après quelques instants, en restant immobile, ordonnez-lui "debout". Le Husky devra se lever en soulevant ses pattes postérieures, sans bouger de l'endroit où il se trouve. Pour en arriver là, tenez la laisse de la main gauche, près du mousqueton, et préparez-vous à employer votre pied gauche comme levier, en le plaçant sous le ventre du chien, entre les pattes antérieures et postérieures. En donnant l'ordre "debout", tirez la laisse vers le haut et poussez du pied le ventre du chien vers le haut en l'obligeant à se lever.

### *EXERCICE: LA MARCHE DERRIÈRE LE MAÎTRE*

*L'ordre*: — "en arrière".
*Le matériel*: — le collier à noeud coulant,
— la laisse de dressage,
— quelques brindilles sèches.

Mettez-lui sa laisse de dressage et donnez-lui l'ordre "au pied", faites-lui faire ensuite quelques exercices: "assis", "couché" et "debout", et de nouveau "assis". Laissez votre compagnon immobile et faites quelques pas jusqu'à ce que la laisse que vous tenez dans votre main droite soit derrière vous. À ce moment, donnez-lui l'ordre "viens". Le Husky voudra prendre la position apprise "au pied", mais, à l'aide de quelques brindilles tenues dans votre main gauche, que vous agiterez derrière votre dos mais sans toucher son museau, empêchez-le d'avancer. Tout en l'empêchant, donnez-lui l'ordre "en arrière".

## *EXERCICE: LE SAUT D'OBSTACLES*

*L'ordre*: — "saute".

*Le matériel*: — le collier à noeud coulant,
— la laisse de 6 m (20 pi),
— l'obstacle en bois de hauteur réglable.

Placez les planchettes à une hauteur de 40 centimètres (16 po). Mettez-lui la laisse, faites-lui prendre la position "au pied". Sautez avec lui l'obstacle en tirant sur sa laisse et en donnant l'ordre "saute". Votre chien franchira l'obstacle sans problème. Répétez l'exercice. Après lui avoir fait faire plusieurs fois l'exercice, ajoutez une planchette pour que l'obstacle ait environ 50 centimètres (120 pouces) de haut. Félicitez-le à chaque fois. Lorsqu'il se sera bien familiarisé avec cet ordre et cet exercice, faites-le-lui faire sans laisse et réglez la hauteur de l'obstacle à 1,5 mètre (5 pieds). N'augmentez pas la hauteur de l'obstacle tant que votre Husky n'aura pas sauté avec confiance la hauteur précédente.

## *EXERCICE: LE RAPPORT D'OBJETS*

*L'ordre*: — "rapporte",
— "laisse".

*Le matériel*: — le collier à noeud coulant,
— la laisse de dressage,
— un bâtonnet.

Commencez par laisser votre chien jouer avec le bâtonnet pour qu'il s'y habitue. Lancez-le ensuite au loin: il vous le rapportera avec joie.

Reprenez-le et, sans jouer cette fois, donnez l'ordre "au pied" et faites une petite promenade, tout en gardant le bâtonnet dans votre main droite. Arrêtez-vous et faites le geste de l'offrir au chien; quand il voudra le prendre, donnez l'ordre "rapporte" tout en l'approchant de sa gueule.

Quand il aura appris à tenir l'objet dans sa gueule sans votre aide, vous pourrez donner l'ordre "laisse" tout en enlevant le bâtonnet de sa gueule et en le caressant pour le féliciter.

## EXERCICE: LA RECHERCHE ET LE RAPPORT D'OBJETS

*L'ordre*: — "cherche et rapporte".

*Le matériel*: — le collier à noeud coulant,
— la laisse de dressage,
— un bâtonnet.

Offrez au chien l'objet qu'il devra rapporter mais ne le lui mettez pas dans la gueule. Tenez-le à distance et augmentez cette distance jusqu'à l'endroit où votre chien devra le ramasser. Dès que votre Husky saura comment faire pour rapporter l'objet et qu'il comprendra l'ordre, jetez le bâtonnet au loin et donnez l'ordre: "cherche et rapporte". Lorsqu'il aura ramassé l'objet, donnez l'ordre "viens" et, dès qu'il vous aura rejoint, donnez l'ordre: "laisse". N'oubliez surtout pas de féliciter l'animal à chaque exercice bien fait.

## EXERCICE: LA RECHERCHE DE PERSONNES

Cet exercice est absolument essentiel si vous désirez faire de votre Husky un chien de garde malgré le fait qu'il ne s'agisse pas du gardien idéal. En effet, le flair n'est pas une des principales qualités du Husky; il aura de la difficulté à repérer la présence d'un étranger autour de la maison, de retrouver une personne perdue ou en fuite.

Certains éléments facilitent la tâche du Husky:

a. L'atmosphère fortement humide et le ciel couvert: les odeurs sont plus fortes et l'évaporation plus faible.
b. Un sol plus chaud que l'atmosphère: les courants d'air sont faibles sinon inexistants.
c. Les endroits où pousse beaucoup d'herbe et les endroits boisés: la végétation agit comme brise-vent.
d. La nuit: l'évaporation est plus lente. Les premières heures du jour et celles qui suivent le coucher du soleil, pendant l'été.
e. L'odeur de la personne perdue ou en fuite: plus l'odeur sera forte, plus le Husky aura de la facilité à le retrouver. Si, par exemple,
    - elle transpire,
    - elle sent le parfum,
    - elle est sale,
    - elle est blessée et saigne,
    - elle a pris de l'alcool ou des médicaments.
f. La rapidité: plus le temps s'écoule, plus il sera difficile pour votre animal de retrouver une trace.

Certains éléments par contre lui rendront la recherche encore plus difficile:

a. Un soleil de plomb et de fortes chaleurs
b. Les pluies torrentielles
c. Les eaux courantes comme le gué d'un ruisseau

d. Les terres sablonneuses et silicieuses, un sol sec: le vent emportera des indices de recherche
e. les vents forts et les ouragans, et plus particulièrement les vents secs et venant de l'ouest
f. Les terres remuées et les sols qui viennent d'être travaillés
g. La neige et le verglas qui recouvrent les traces
h. L'environnement urbain où toutes sortes d'odeurs se mélangent
i. Les surfaces très propres

*L'ordre:* — "va, cherche".

*Le matériel:* — une balle en caoutchouc,
— du fromage,
— le harnais et la laisse de 6 m (20 pi) pour les exercices de recherche,
— la corde de 30 m (98 pi) en chanvre ou en plastique.

Initiez votre Husky à cet exercice très tôt, vers l'âge de quatre mois. Profitez des jeux pour lui lancer la balle de caoutchouc afin qu'il vous la rapporte. Au fur et à mesure compliquez-lui la vie en lançant la balle dans un lieu caché mais connu du chiot. Passez la balle dans du fromage, faites-la lui flairer, reprenez-la et faites-la rouler sur le sol pour laisser sur son parcours l'odeur du fromage. Donnez-lui l'ordre "va, cherche".

Apprenez ensuite au Husky à vous retrouver après que vous serez caché. S'il ne vous trouve pas, appelez-le jusqu'à ce qu'il découvre votre cachette.

L'étape suivante consiste à suivre une piste préalablement tracée. Utilisez le harnais et la laisse de six mètres. Attachez votre chien à un lampadaire, un poteau ou un arbre pour qu'il ne puisse pas vous suivre et faites-lui flairer un morceau de viande. Faites ensuite un parcours en ligne droite et piétinez soigneusement le tracé devant l'animal. Commencez par piétiner une surface d'environ un demi-mètre (dix pieds carrés). À la fin du parcours, déposez un objet que votre chien affectionne et retournez auprès de l'animal. Détachez-le et faites-lui flairer le terrain que vous avez piétiné en lui donnant l'ordre "va, cherche".

Il se mettra à flairer en suivant la piste jusqu'au moment où il trouvera l'objet. Ne manquez pas de le féliciter. Votre élève aura appris à chercher quelque chose dont vous avez besoin.

Vous devez aussi lui apprendre que vous ne cherchez pas toujours la même chose. Demandez à quelqu'un que votre Husky connaît bien de vous aider: un enfant du voisinage, par exemple. Commencez par piétiner une surface d'un demi-mètre carré (dix pieds carrés) devant le chien. Puis demandez à votre assistant de tracer une piste en marchant en ligne droite sur une distance de 45 à 50 m (150 à 165 pi) puis de tourner à droite ou à gauche pour se cacher. Votre chien, qui aura sur lui son harnais et sa laisse, aura observé l'assistant tout en restant à vos pieds. Ordonnez-lui ensuite "va, cherche". Vous suivrez, en marchant, la piste tracée par votre assistant. Répétez cet exercice pendant plusieurs jours en changeant d'assistant, mais en choisissant toujours une personne que votre élève connaît bien et qui lui est sympathique.

Apprenez ensuite à votre chien à chercher votre assistant, mais sans qu'il ait pu le voir, en vous servant de ses vêtements. Avant de commencer l'exercice, inspectez bien le parcours en y laissant des repères. Demandez à votre assistant de se cacher environ un quart d'heure avant que vous n'arriviez sur les lieux. Emmenez votre chien à environ 50 mètres (165 pieds) de sa cachette. Emportez avec vous un des vêtements de votre assistant comme une chaussure ou une chaussette; choisissez toujours un vêtement à l'odeur forte et faites-le flairer par votre Husky plusieurs minutes. Ordonnez alors "va, cherche", tout en indiquant le sol avec votre doigt.

Continuez cette leçon, une fois l'exercice précédent réussi, avec un autre collaborateur et des objets différents. Lorsque votre chien réussit un exercice de "recherche de personnes", il doit être bien récompensé, mais n'oubliez pas que votre Husky ne doit rien recevoir de personnes étrangères: la récompense doit venir de vous et rien que de vous.

## *EXERCICE: REFUSER LES ALIMENTS DONNÉS PAR UN ÉTRANGER OU TROUVÉS*

*L'ordre*: — "pfft".

La méthode la plus employée par les délinquants pour se soustraire au courroux du chien de garde ou tout simplement pour se débarrasser d'un chien est de lui offrir un appât empoisonné pour le tuer. Vous devez apprendre au Husky à refuser toute nourriture que lui offrira un inconnu. Vous aurez besoin de toute votre patience parce que votre chien est insatiable quand on lui offre un aliment qu'il aime; il mangera la nourriture, qu'il ait faim ou non.

Les repas du chien doivent avoir lieu à heures fixes, mais pendant le dressage, nous vous conseillons de ne lui donner à manger que le soir afin de ne pas l'alourdir pendant ses exercices. Afin de mener à bien cet exercice, vous aurez besoin de l'aide de plusieurs de vos amis; choisissez des personnes que votre chien connaît et d'autres qu'il ne connaît pas du tout.

Faites jeûner l'animal une fois par semaine et, quand il est à jeun depuis la veille, amenez-le vers la piste où arrivera une personne que votre chien connaît bien. Bavardez avec votre ami et laissez-le caresser l'animal. Attachez le chien à un arbre et éloignez-vous pour vous cacher quelque part d'où vous pourrez observer ce qui se passe. Demandez à votre ami de s'approcher du chien, avec un journal enroulé, tout en prenant soin de laisser une distance de 20 centimètres (8 pouces) entre lui et le chien en laisse. Il appellera le chien par son nom et lui offrira un morceau de viande vieux de quelques jours. Mais au moment où le chien voudra prendre le morceau de viande dans sa gueule, il devra retirer sa main et donner au chien un coup sec sur le museau et un autre coup sur les pattes avec le journal roulé. Il s'en ira ensuite rapidement. Sortez de votre cachette et dites au chien "non"; quand votre ami le frappera, dites-lui "pfft". Votre ami, en partant, aura laissé tomber le morceau de viande près du chien; ramassez-le, montrez-le-lui et répétez "non, pfft" tout en lançant la viande loin de vous.

À la leçon suivante, votre Husky ne devra pas connaître votre assistant. Bavardez avec lui devant le chien. Il sortira alors de sa poche un aliment qui ne sera pas de la viande, cette fois-ci. Comme dans l'exercice précédent, il offrira cet aliment au chien et le frappera de la même façon. Il partira ensuite rapidement en faisant du bruit. Retenez votre chien tout en ordonnant "aboie, aboie".

Par la suite, répétez l'exercice en laissant le chien en liberté.

### *EXERCICE: NE PAS SAUTER SUR VOTRE MOBILIER*

Votre chaise et votre divan favoris seront également la chaise et le divan favoris de votre Husky. La raison en est simple: ces meubles gardent des odeurs qui lui sont familières, celle de son maître, des autres membres de la famille (qu'il considère comme sa propre famille) et aussi sa propre odeur. Il est évident qu'il pensera avoir tout à fait le droit de s'y étendre ou de s'y asseoir comme le reste de la famille!

Comment le faire changer d'idée? La solution la plus simple est de mettre sur le fauteuil que votre Husky préfère un chiffon imprégné d'un liquide spécial que les chiens ne supportent pas. Il sautera sur le fauteuil, reniflera, fera demi-tour et ne recommencera plus jamais.

Vous pouvez aussi tenter de l'éduquer. Dès qu'il sautera sur un fauteuil, dites-lui "viens", comme vous le lui avez enseigné dans les leçons de dressage, et il viendra vous rejoindre immédiatement. Parlez-lui très sévèrement. Après plusieurs fois il ne remontera plus sur votre fauteuil favori... tout au moins en votre présence! Le grand problème est évidemment de l'en éloigner définitivement.

Vous pouvez également utiliser une autre méthode: achetez quelques souricières et placez-les sur "son" fauteuil favori, recouvertes de quelques pages d'un journal. Dès que votre Husky sautera sur le fauteuil, une des souricières se fermera dans un bruit sec; votre chien sautera du fauteuil, effrayé; il pourrait essayer une seconde fois, une autre des souricières fera du bruit et votre compagnon aura saisi la leçon.

Vous pouvez aussi le dresser à se rendre au lit quand vous le lui ordonnez: apprenez-le-lui en répétant le mot "lit" d'une voix sourde et forte tout en lui montrant sa couche; faites-le plusieurs fois jusqu'à ce qu'il comprenne. Ainsi vous pourrez toujours l'envoyer coucher s'il occupe votre place...

## Sous-estimation des capacités de votre Husky

Ayez confiance en votre Husky. S'il lui est parfois difficile d'accomplir les exercices que vous lui imposez, ne le grondez pas trop, agissez avec discernement; pensez à son amour-propre.

## Surestimation des capacités de votre Husky

Ne poussez pas votre animal au-delà de ses limites. En observant attentivement votre Husky, vous connaîtrez à la fois ses qualités et ses défauts. Si certains exercices lui font horreur, ne le forcez pas à les faire. Il vaut mieux être patient, sinon vous pourriez provoquer des crises nerveuses qu'il vous sera difficile d'effacer par la suite.

## Le Husky non-travailleur

Il se peut que votre compagnon, devenu trop vieux pour travailler, mérite une bonne retraite. Vous aurez à coeur de le garder chez vous et de soigner le "vétéran" qu'il est devenu.

Il est aussi de plus en plus courant de faire d'un Husky un chien de compagnie; cette approche est très fréquente dans les agglomérations.

## Le fin du dressage

Un Husky a toutes les qualités requises pour être bien dressé, il obéit facilement aux ordres de son maître. Malgré leur air distant, les Huskys sont la plupart du temps obéissants; ils aiment la discipline bien qu'ils soient des chiens nerveux.

Vous n'aurez pas besoin d'aptitudes particulières pour dresser votre Husky. Vous serez étonné des progrès et des résultats rapides que vous obtiendrez.

# Sa vie sociale

Si vous l'avez bien dressé, votre Husky va savoir accomplir les tâches auxquelles il est destiné. Vous aurez également encouragé au cours du dressage les petits penchants qui vous sont agréables. Votre Husky sera devenu vraiment *votre* Husky et non seulement un Husky bien élevé.

Le Husky en sera heureux car, sous des dehors distants, il est un animal très sociable et il estimera appartenir à la famille de son chef de meute, c'est-à-dire vous. Il vous respectera comme son maître mais aimera aussi se considérer comme votre ami.

## Le Husky et les enfants

L'enfant ne voit pas le chien avec les mêmes yeux que l'adulte. Pour un petit enfant, le Husky est une forte masse de muscles sur lesquels il peut taper. Le tout-petit ne le différencie pas du reste de son environnement si ce n'est qu'il en reçoit de grands coups de langue agréables. En fait, le petit enfant est aussi primitif que votre Husky, et le Husky adore cela.

Vers l'âge de cinq ans, l'enfant aura appris que le chien est différent de lui, qu'il est un chien, sur lequel il peut donc exercer ses talents de dominateur avec moins de conséquences que sur les humains. Il voudra entrer en compétition avec lui, mais il sera aussi son ami. Le Husky se prête à cette amitié, à condition que son maître le lui permette. Il a le calme nécessaire pour supporter les premières manifestations d'agressivité du petit enfant.

Le Husky, avec sa manie de vouloir toujours jouer et son air malicieux, est rassurant pour l'enfant qui l'aimera autant qu'il sera aimé de lui.

Le Husky est un chien de meute et il comprend très bien quelle est la place qui lui est assignée. Au cours du dressage, il est important de lui faire comprendre que sa place se trouve après celle de l'enfant. Un Husky, après un dressage adéquat, deviendra le protecteur de l'enfant.

L'enfant, à n'importe quel âge, se familiarise rapidement avec un Husky. Le chien surveillera les enfants et, si vous l'avez bien dressé, il saura leur interdire ce que vous avez décidé de leur interdire. Les petits poings de l'enfant coléreux ne l'impressionnent pas du tout.

### *CE QUE L'ENFANT DEVRA VAINCRE:*

Il devra s'habituer au regard perçant du Husky qui peut paraître inquiétant. Le Husky se déplaçant assez rapidement pourra effrayer les très jeunes enfants lors des premiers contacts, voire renverser un enfant sans aucune mauvaise intention. Le Husky est un chien qui convient à des enfants sportifs ou à ceux qui aiment les longues randonnées et les exercices à la campagne.

### *CE QUE L'ENFANT DOIT ACCEPTER:*

L'enfant doit s'habituer à la force et à l'attitude réservée d'un Husky. Ne laissez pas un enfant tyrannique abuser d'un Husky parce qu'il a un sens très poussé de la hiérarchie. Dans ce cas, vous devrez expliquer à l'enfant qu'une victoire facile n'est pas une vraie victoire.

Vous devrez montrer à l'enfant comment se comporter avec votre chien. La meilleure méthode consiste à le faire assister aux leçons de dressage: vous apprendrez à l'enfant comment se faire obéir.

Si l'enfant reste à la maison alors que le Husky vous accompagne hors de la maison, il n'y aura pas de confusion des rôles dans l'esprit du chien. Mais si l'enfant doit vous accompagner dans vos promenades, il est préférable qu'il apprenne à dresser votre Husky en même temps que vous. Au cours du dressage, certaines difficultés peuvent surgir: le Husky, vous considérant comme son maître, pourrait essayer de ne pas obéir à votre enfant; vous devrez alors expliquer à l'enfant comment user de patience pour arriver à ses fins.

Les enfants apprennent beaucoup de choses sur eux-mêmes en apprenant à dresser un chien et en vivant avec lui. Ce ne sont jamais des leçons perdues lorsqu'elles ont été données par un maître compétent.

## Le Husky et les amis

Vous aurez fait son éducation de façon à ce qu'il n'élargisse pas le cercle de vos amis jusqu'aux passants. Le dressage est très important sur ce point. Le Husky peut comprendre toutes les nuances à condition qu'il les ait apprises. Il est doux et affectueux de nature et il sait reconnaître les amis. Il n'est peut-être pas un très bon gardien mais vous pouvez, si vous le désirez, lui enseigner les rudiments du métier.

Ceci dit il acceptera très bien vos amis: il sera réservé envers eux selon sa nature mais il rendra bien les caresses. Avertissez vos amies que les maquillages ne résistent pas à ses démonstrations d'amitié... quand il décide d'en faire! Le Husky sera bien plus heureux si vous disposez d'au moins un petit jardin; c'est là qu'il préférera recevoir vos amis.

## Le Husky et les autres animaux

Vous devez éviter qu'il y ait un autre chien du même sexe dans votre maison: votre Husky ne le supporterait pas. Ses gènes de lutteur reprendraient le dessus et vous deviendrez le témoin d'un magnifique pugilat.

Quant aux autres animaux, laissez-le flairer votre chaton, vos oiseaux, l'aquarium. Faites les présentations. Attention aux réactions du chat adulte. Le Husky sera prudent et n'aura pas de gestes agressifs, ce qui rassurera vite votre chat. Tandis qu'aux chats des voisins... il vaut mieux au cours du dressage lui enseigner qu'ils ne sont pas des moutons ou des lapins. Il est intelligent et apprendra vite la différence.

Le Husky est d'un naturel intelligent et ne réagit pas de façon émotive. Il "réfléchit" avant de passer à l'acte. Il préviendra toujours sa "victime".

Votre compagnon aime vivre en couple; il a l'habitude de se "fiancer" à l'âge d'un an mais ne s'accouple généralement qu'à l'âge de quatre ans. Si vous avez adopté un couple, vous remarquerez leur fidélité; ils sont toujours ensemble et sont très jaloux! Cette fidélité est une marque qui vient au Husky de son ancêtre le loup.

# La reproduction

Les loups, vivant entre eux, parviennent à garder leur race pure. Par contre les chiens, et parmi eux le Husky, astreints à rencontrer d'autres races canines au gré de leurs promenades, doivent être surveillés de près.

Vous devrez surveiller très attentivement les reproducteurs directs, tout en tenant compte de leur généalogie, afin d'être certain d'assurer la continuité des caractéristiques raciales et anatomiques, et en rejetant les chiens qui présentent des défauts.

Il a souvent été affirmé qu'un premier accouchement d'une chienne Husky avec un chien bâtard influence les mises bas suivantes et que cette chienne mettra bas d'autres bâtards même si elle est accouplée avec un Husky de race pure. Aucune base scientifique ne vient prouver cette assertion qui ne tient qu'à des suppositions populaires.

Ce qui est vraiment problématique, c'est l'atavisme (l'hérédité éloignée). Il s'agit d'une question qui est proprement insoluble. En effet, même en choisissant très consciencieusement les reproducteurs, les chiots peuvent présenter des caractéristiques que l'on ne pouvait absolument pas prévoir en choisissant les parents. Ils peuvent ne pas avoir la même intelligence et le même caractère sans qu'il soit possible d'en connaître les causes.

Il est donc nécessaire de bien connaître les précédents d'un chien de race avant de l'accoupler. On ne doit pas s'en tenir aux caractéristiques des parents mais essayer de remonter de quelques générations en arrière. Prenez donc un maximum de précautions tout en sachant que vous pourriez, quand même, avoir des surprises.

D'autre part, méfiez-vous d'une consanguinité excessive qui pourrait donner lieu à des phénomènes de dégénérescence.

En résumé, sachez qu'il serait dommage, sous prétexte qu'il satisfasse ses instincts naturels, de laisser votre Husky produire une nouvelle génération dans n'importe quelles conditions.

## La présentation

La chienne a ses premières chaleurs entre huit et douze mois et elle atteint son aspect définitif d'adulte à environ dix mois. Mais il n'est pas bon de la laisser porter plusieurs chiots à cet âge, la consolidation de son squelette n'étant pas terminée. Il vaut donc mieux attendre sa deuxième ou même sa troisième période de chaleurs pour la "présenter" au mâle.

Ses chaleurs reviennent périodiquement et, en général, tous les six mois. Ces périodes peuvent varier légèrement selon chaque chienne. Lorsque votre chienne sera en chaleur, elle deviendra nerveuse, boira plus que de coutume et n'aura pas d'appétit; ses organes génitaux vont sécréter un liquide un rien sanguinolent, à l'odeur très particulière qui mettra le mâle en éveil.

Certains Huskys femelles peuvent refuser de s'accoupler avec un mâle. D'autres auront des préférences, pouvant aller jusqu'à l'exclusivité pour un certain mâle, qu'il soit de race ou bâtard. Dans ces cas, il faudra faire exciter la chienne par le prétendant qu'elle a choisi, avec toutes les précautions nécessaires pour éviter une saillie, et présenter aussitôt le mâle non préféré par la chienne mais que vous aurez choisi en fonction de ses qualités. En général, la femelle tolère la présence du mâle une dizaine de jours après les premiers symptômes des chaleurs.

L'accouplement devra avoir lieu tranquillement, dans l'intimité. Laissez faire la nature si l'accouplement se prolonge, n'essayez pas de le séparer, vous pourriez provoquer une déchirure du vagin.

Dès que votre Husky est fécondée, ses chaleurs s'arrêtent. Si ses chaleurs devaient durer plus de deux jours après l'accouplement, essayez une deuxième saillie. Il est conseillé, si vous ne désirez pas que votre chienne soit fécondée, de lui administrer un contraceptif afin de supprimer l'ovulation ou d'éviter les chaleurs. Demandez conseil à votre vétérinaire.

La période des chaleurs est assez longue et vous devrez veiller à ce que la femelle ne s'accouple pas avec n'importe quel mâle. Il pourrait y avoir fécondation supplémentaire et votre chienne vous doterait d'une portée hétérogène si les pères ne sont pas de la même race.

Si votre Husky s'est accouplée avec un "mâle douteux", vous pourrez éviter la fécondation en lui injectant dans le vagin de l'eau vinaigrée à raison de 25 millilitres (5 c. à thé) de vinaigre pur par litre (pinte) d'eau.

Le sort peut faire que votre chienne soit totalement indocile: il deviendra alors nécessaire de pratiquer l'insémination artificielle. Il s'agit d'un procédé très simple qui peut être pratiqué par votre vétérinaire. Cette insémination artificielle est, en général, une réussite complète.

## La grossesse

Si tout s'est bien passé lors de la "présentation", il ne vous reste plus qu'à attendre, en laissant faire la nature. Sauf complications exceptionnelles, la grossesse suivra son cours normal. Elle dure, chez le Husky, de soixante-deux à soixante-quatre jours, soit environ neuf semaines.

La grossesse pourrait s'interrompre entre le cinquante-huitième et le soixante-cinquième jour selon l'âge de la mère, son mode de vie, sa santé et le nombre de chiots de sa portée. La maternité est une période particulière pour le Husky femelle. Les premiers symptômes se manifesteront de quatre à cinq semaines après l'accouplement. Avant cette période, il est difficile d'établir s'il y a eu fécondation.

Mais si vous observez bien votre chienne, il y a des signes qui ne trompent pas. Elle commencera par se désintéresser de sa nourriture: elle manquera d'appétit. Elle aura des nausées suivies de vomissements. Son comportement sera instable. La nuit, elle rêvera ou fera des cauchemars qui la feront gémir comme si elle appréhendait quelque chose, comme si elle avait peur. Sa façon d'agir, ses manières se transformeront de façon de plus en plus évidente à mesure que la chienne avancera dans sa grossesse.

Si vous désirez absolument savoir si votre chienne a été fécondée, procédez à un test chimique qui a pour but de vérifier le fonctionnement hormonal, semblable à celui de Friedman sur une lapine. Mais même si le résultat est positif, rien n'est certain parce qu'un cas de grossesse nerveuse peut toujours se présenter.

Votre bon sens vous fera comprendre ce que la chienne doit ou ne doit pas faire pendant son état gravide (grossesse). Évitez de la fatiguer et faites cesser tous les exercices violents auxquels elle était habituée. Plus de sauts, plus de courses excessives; mais ne négligez pas les promenades quotidiennes qui tiendront la chienne en forme sans pour autant la fatiguer ou la surmener. Ces promenades sont essentielles pour votre Husky femelle.

Au fur et à mesure que les foetus se développeront, la chienne grossira et deviendra paresseuse; elle sera fatiguée et voudra s'étendre plus souvent qu'avant sa grossesse. Ne la dérangez pas, laissez-la faire mais n'oubliez pas ses promenades. Vous observerez un affaissement de la région lombaire et un développement tout à fait normal des mamelles. Son ventre grossira au fur et à mesure que le temps passera. Votre chienne aura besoin de votre affection, de votre attention et de votre compréhension; soyez patient avec elle et fermez les yeux si elle est désobéissante. Pas de sévérité mais de la gentillesse et, surtout, ne la laissez pas trop souvent seule: elle a besoin de se sentir entourée "des siens". Veillez avec encore plus d'attention et de soins à sa propreté. Faites attention aux parasites comme les poux, par exemple. Pendant l'hiver, ne la sortez que le minimum indispensable et protégez-la plutôt, à l'intérieur de la maison, du froid et de l'humidité.

Occupez-vous d'elle mais dans les limites du raisonnable: il ne faut pas en faire une chienne de salon alors qu'elle est habituée à surmonter certaines difficultés. N'oubliez pas que la nature a fourni à votre chienne tous les moyens pour mener sa grossesse à terme sans grandes difficultés. Soyez présent, mais ne soyez pas trop faible avec elle; aidez-la, mais ne vous substituez pas à la nature.

Pendant sa grossesse, il faudra faire très attention à son alimentation. Les aliments devront être plus riches afin de compenser l'augmentation de ses besoins. Augmentez le nombre de ses repas tout en réduisant les quantités. Les deux repas traditionnels que l'on donne normalement à un Husky ne sont pas de mise pendant une grossesse. Un repas trop lourd pourrait peser sur ses flancs qui sont déjà alourdis par le gonflement des mamelles et par la présence des futurs bébés. Augmentez la quantité de lait jusqu'à un litre (1 pinte) par jour. Donnez-lui du lait entier. Son régime devra être composé de riz, de légumes verts et de viande fraîche. Trois à quatre repas par jour remplaceront donc les deux repas normaux. Vous les compléterez avec de la farine lactée, de la poudre d'os, du calcium et du phosphore.

Vous ferez attention à ce que l'eau de l'écuelle soit changée souvent et soit toujours propre. Cette eau ne devra jamais être trop froide ni trop chaude; la chienne appréciera l'eau propre et tiède.

Vous pouvez provoquer des difficultés lors de la mise bas si vous donnez à votre chienne une alimentation trop grasse et trop copieuse. Ajoutez à son régime des substances pour fortifier les os des chiots et raffermir les siens. Si votre Husky montre un manque d'appétit persistant, adressez-vous sans tarder à votre vétérinaire, il vous indiquera quoi faire.

Vous remarquerez, au fur et à mesure de sa grossesse, que votre chienne ne voudra plus être dérangée par des inconnus ou d'autres chiens.

Une quinzaine de jours avant la fin de la gestation, vous devez trouver un endroit où elle mettra bas. Préparez-lui sa couche. N'attendez pas trop; habituez la chienne à sa nouvelle demeure. Elle n'en cherchera pas une autre, si vous vous y prenez à temps. Habituez-la à y prendre ses repas; qu'elle s'y repose le jour et la nuit. Veillez à ce que cet endroit soit tranquille, pas trop clair et surélevé, pour laisser écouler les liquides. Un simple panier à chien fera fort bien l'affaire.

Emmenez votre chienne plusieurs fois chez le vétérinaire de manière à faire vérifier son poids, son état de santé et ses besoins en vitamines et en calcium.

## La naissance

Tout à la fin de la grossesse, les mamelles gonflées de votre chienne sécréteront un liquide semblable à du lait, le *colostrum*. Elle deviendra inquiète et préférera rester seule. La tranquillité et le silence lui seront nécessaires et bénéfiques. Les visites d'amis devront être évitées et la "future maman" ne devra pas s'apercevoir de votre surveillance. N'approchez pas trop.

Surveillez le déroulement de l'opération et, en cas de complications, n'hésitez pas à appeler immédiatement votre vétérinaire. Lui seul a la compétence nécessaire pour trouver les solutions appropriées à certaines complications.

La première mise bas est, en général, plus délicate que les suivantes. Il arrive parfois, et surtout la première fois, que votre chienne oublie ou néglige de couper le cordon ombilical avec ses dents. Vous devrez alors intervenir en le coupant avec des ciseaux, le plus près possible du ventre, après l'avoir lié avec un fil de soie pour éviter que le chiot ne soit sujet à une hémorragie.

Comme vous l'avez remarqué, votre présence est nécessaire pendant la mise bas de la chienne, même si vous laissez faire la nature. Ne l'énervez surtout pas et ne la dérangez qu'en cas de besoin réel.

Lorsqu'elle aura mis bas, laissez votre chienne se reposer et faire la toilette complète des chiots.

En hiver, pensez à réchauffer "son coin" afin qu'il soit plus confortable pour elle et les nouveau-nés.

Après l'avoir laissée une journée auprès de ses petits, faites-lui reprendre progressivement son rythme de vie antérieur. Commencez par des promenades afin qu'elle fasse travailler ses muscles.

## Les chiots

Lors de la première mise bas,la portée est de quatre à six chiots. Ces petits chiens naissent aveugles et les yeux fermés. Vous devrez attendre une dizaine de jours avant qu'ils ne lèvent les paupières.

Vous devez malheureusement sacrifier certains des chiots. À la première mise bas, la mère ne pourra s'occuper que de trois chiot. Éloignez définitivement de la mère les chiots les moins bien formés et ceux qui vous apparaissent apathiques. Ce sacrifice, bien que très difficile, est absolument nécessaire pour la santé de la mère et pour la qualité de la portée. Les grossesses suivantes vous permettront peut-être de garder toute la portée qui pourra être de sept ou même de huit chiots. Mais, encore une fois, ne gardez pas les chiots manifestement mal formés. Vous devrez les éliminer immédiatement.

Pratiquer l'euthanasie vous sera problement pénible: demandez plutôt à votre vétérinaire de s'en occuper. La meilleure façon demeure l'injection d'un anesthésique très puissant; ainsi l'intervention sera rapide et indolore. Ne choisissez pas la noyade, il s'agit d'une méthode cruelle et sauvage.

Vous retirerez les chiots sacrifiés pendant que la mère fera sa promenade.

La chienne s'occupera elle-même de ses petits mais soyez toujours aux aguets, prêt à intervenir pour aider la mère, surtout s'il s'agit d'une première portée.

## L'allaitement

Les chiots trouveront d'eux-mêmes les mamelles, qui sont très saillantes, sous le ventre. Seul le lait de la mère convient aux besoins nutritifs des bébés chiens. Le colostrum purgera le chiot et sera le moyen pour la chienne de transmettre au chiot ses anticorps naturels et de le protéger ainsi contre les maladies des "premiers jours".

Ce colostrum est indispensable au chiot: les statistiques notent qu'environ 85 pour 100 des nouveau-nés qui n'auront pas eu l'occasion de recevoir du colostrum mourront rapidement.

Il se pourrait que la chienne soit intolérante avec ses petits, ce qui pourrait gêner leur croissance. Dans ce cas, consultez votre vétérinaire qui vous conseillera de légers calmants: cette intolérance étant due à une hypernervosité. Si l'intolérance se transforme en aversion déclarée, vous devrez alimenter le chiot artificiellement. Ce n'est que dans ce cas ou dans le cas, bien sûr, d'une mauvaise lactation, que vous devez alimenter le chiot. Ce n'est pas facile, et rien ne dit que vous réussirez. Vous devrez préparer un lait proche du lait maternel, sinon, le bébé, désorienté, le refusera. Le poids du petit double normalement en moins de dix jours, preuve de la richesse du lait maternel. Faites-vous conseiller par votre vétérinaire. Il vous indiquera peut-être une préparation que vous trouverez toute faite sur le marché ou qu'il composera lui-même. Quoi qu'il décide, suivez ses directives.

## Le sevrage

La période de sevrage se déroule progressivement. Elle correspond à peu près à la fin de l'allaitement. Cet allaitement devient de plus en plus douloureux parce que les bébés commencent à avoir leurs dents de lait. La mère des chiots devient impatiente quand les petits viennent se nourrir. Elle commence à les éduquer elle-même en leur présentant sa propre nourriture que les chiots essayent de laper.

Cette période est psychiquement dure pour les chiots: ils commencent le dur apprentissage de la séparation de la mère. Ce passage à la vie adulte devra se faire dans les meilleures conditions.

Le sevrage complet se fait à l'âge de deux mois et demi à trois mois.

Trouvez le moyen de séparer les chiots de la mère une partie de la journée afin que l'instinct de téter diminue. Si les petits rencontrent la mère seulement aux repas, cela leur permettra de prendre des habitudes bien réglées.

Donnez aux chiots des jouets non toxiques, afin qu'ils mordent dedans. Commencez pas leur donner de la viande hachée afin qu'ils s'habituent à manger de la viande. Pas de lait de vache surtout. Les petits Huskys ont tendance à se gaver; ne les laissez pas faire: la boulimie est déjà trop naturelle chez le Husky adulte. La digestion est encore délicate à cet âge; évitez-leur les ennuis gastriques.

N'oubliez pas de bien les tenir au chaud. Il ne faudrait surtout pas qu'ils prennent froid; évitez de les placer ou de les laisser dans les courants d'air.

# Le pense-bête

Le Husky aime vivre en couple.

# Le carnet de santé

Il est nécessaire de tenir à jour le carnet de santé de votre Husky. Ce carnet vous est généralement remis par votre vétérinaire.

Que devez-vous y inscrire? Les dates importantes de la vie de votre Husky:

- la date de naissance de votre Husky et de ses parents;
- la date des vaccinations;
- la date des rappels;
- la date des maladies (ainsi que les médicaments qu'il a reçus);
- la date du dressage;
- la date des saillies, des mises bas, de l'allaitement.

Le passage du Husky à la vie adulte devra se faire dans les meilleures conditions.

# La boîte de médicaments

Ayez donc une petite boîte de médicaments sous la main que vous garderez sous clé, et n'oubliez pas de l'emporter avec vous lorsque vous partirez en voyage avec votre chien.

Cette boîte de médicaments devra contenir:

- un thermomètre anal et un lubrifiant;
- du sparadrap et des pansements de gaze (pour les bandages);
- un médicament contre les brûlures qui vous aura été recommandé par votre vétérinaire;
- de l'acide borique ou du collyre pour les bains oculaires;
- du kaopectate contre la diarrhée;
- des sels ammoniacs pour le traitement des chocs;
- de la poudre de moutarde ou du sel de table pour provoquer le vomissement;
- du charbon de bois actif comme contrepoison (mais appelez aussitôt que possible un vétérinaire);
- un laxatif assez léger comme le lait de magnésie.

Le Husky est un chien très intelligent, docile, affectueux et très doux.

## Le voyage

Vous planifiez un voyage et vous voilà en discussion avec vos proches concernant les difficultés liées à la présence de votre Husky. Vous vous trouvez devant plusieurs possibilités: le premier choix sera de le laisser sur place et vous aurez à décider entre le laisser à la maison,chez des amis, ou le mettre en pension; le deuxième choix sera de l'emmener avec vous et vous aurez à décider du moyen de transport: en voiture, en autobus, en bateau ou en avion.

### Vous le laissez à la maison

La personne qui viendra s'occuper de votre Husky devra être quelqu'un que votre compagnon connaît bien.Il (ou elle) devra évidemment dormir chez vous. Mais il ne faudra pas s'étonner que votre chien, se sentant abandonné par son maître, montre sa mauvaise humeur en se soulageant un peu partout dans la maison au lieu de faire ses besoins là où il en a l'habitude. Vous prendrez cette décision en tenant compte du caractère de l'animal et de ses relations avec la personne qui viendra s'en occuper.

## Vous le laissez chez des amis

Dans ce cas, également, il faudra que l'animal connaisse bien les personnes qui vont l'héberger. Vous apporterez dans sa demeure provisoire des objets qui ont gardé vos odeurs, qui lui sont familières ainsi que ses jouets préférés. Il serait bon de l'emmener "en visite" plusieurs fois avant de le laisser. Quoi qu'il en soit, que vous le laissiez à la maison ou que vous le laissiez chez des amis, il est recommandé que ce ne soit pas pour une période trop longue: votre Husky vous en voudrait. Prévenez vos amis que le chien pourrait faire ses besoins un peu partout car il n'aime pas être éloigné de son maître.

## Vous le mettez en pension

Visitez plusieurs pensions avant de faire votre choix. Assurez-vous que les animaux ne soient pas trop nombreux. Visitez les locaux et assurez-vous qu'ils soient propres. Observez le travail du personnel. Contrôlez la qualité de la nourriture. Il y a également le prix à considérer, mais tenez compte du fait que ce ne sont pas toujours les pensions les plus chères qui sont les meilleures. Renseignez-vous auprès de la direction pour savoir si des visites de vétérinaire sont prévues. Demandez à vos amis qui ont aussi des chiens quelles ont été leurs bonnes et mauvaises expériences.

Avant de vous décider, consultez, en dernier ressort, votre vétérinaire attitré; d'ailleurs, s'il se trouve hors de la ville, il pourra peut-être vous proposer d'héberger votre Husky. Vous aurez à présenter le carnet de santé qui devra être à jour et cela dans quelque pension que ce soit. Pour votre tranquillité, faites faire un examen général à votre animal chez votre vétérinaire avant de le mettre en pension. Faites-le assurer et, s'il ne l'est pas déjà, faites-le tatouer: il devra toujours être identifié s'il s'échappe ou s'il se perd.

## Vous l'emmenez avec vous

C'est décidé, il vous accompagne. Vous voyagerez en voiture, en train, en autobus, en bateau ou en avion.

### *EN VOITURE*

Votre Husky devra voyager à l'arrière de la voiture et être isolé par un filet ou un grillage. Ne l'enfermez pas dans le coffre de la voiture, il en souffrirait. Si vous emmenez un chiot, il se pourrait qu'il soit sujet à des vomissements. Ne le laissez pas voyager le ventre plein, avancez l'heure du repas afin qu'il ait digéré au moment du départ. Il est aussi préférable de ne pas donner à boire au chiot.

### *EN TRAIN*

Votre Husky n'a pas le droit de vous accompagner dans votre compartiment. Il devra voyager dans la voiture à bagages. Vous devrez le mettre dans une cage ou, du moins, lui mettre une muselière et une laisse. Vous aurez un coupon spécial qui vous permettra, à tout moment, de lui rendre visite et de le nourrir. Les compagnies de chemin de fer mettent à la disposition des animaux le nécessaire afin qu'ils puissent faire leurs besoins.

### *EN AUTOBUS*

Quand vous partirez en voyage, assurez-vous que la compagnie de transport que vous avez choisie accepte les Huskys et dans quelles conditions. Insistez, pour ne pas avoir de mauvaises surprises lors du départ, en précisant quel est le poids de votre compagnon.

### *EN BATEAU*

Même chose que pour l'autobus. Ayez toujours sur vous un certificat de bonne santé de votre animal. Il est préférable que ce certificat soit récent.

### *EN AVION*

Pratiquement toutes les compagnies aériennes acceptent de transporter les animaux domestiques. Prenez-vous-y à temps, les places sont limitées. Les chiots peuvent parfois voyager en cabine avec leur maître, mais cela n'est pas une règle: renseignez-vous avant de partir. Généralement le Husky doit voyager dans la soute de l'avion. Ne vous effrayez pas, la soute est climatisée et pressurisée. Il est conseillé de libérer rapidement votre animal de la consigne à l'arrivée; son voyage n'aura pas été aussi confortable que le vôtre...

## Les déplacements en ville

Dans le métro, à Montréal, vous n'êtes pas autorisé à voyager avec votre Husky; seuls les aveugles y sont autorisés. En autobus, les règlements sont plus souples: il est permis de voyager avec un chiot que vous pouvez tenir sur vos genoux; mais seuls les aveugles ont la permission d'être accompagnés d'un chien adulte dans l'autobus.

Il n'existe pas de règlement spécifique à Montréal concernant la prise en charge des Huskys dans les taxis. La plupart des chauffeurs les acceptent... sauf ceux qui en ont peur!

## À l'étranger

Les lois concernant le passage des frontières pour les animaux dépendent de la législation de chaque pays. Soyez en règle, sinon on pourrait vous en refuser l'accès.

Avant de partir, téléphonez au consulat du pays où vous désirez vous rendre ou munissez-vous des brochures que vous trouverez dans les agences de voyage. Plusieurs pays vous obligeront à mettre votre Husky, dès l'arrivée, en quarantaine; ce sont surtout les pays appartenant au Commonwealth britannique; d'autres pays vous demanderont de présenter un certificat de vaccination antirabique ou de bonne santé, ou les deux.

Quelques exemples: les *États-Unis* ne vous demandent qu'un certificat de vaccination antirabique délivré plus de trente jours et moins d'un an avant votre passage de la frontière; ils peuvent également imposer une visite sanitaire au port d'arrivée. En *Grande-Bretagne*, les instructions sont sévères: le Husky doit être accompagné d'un certificat de vaccination antirabique et d'un certificat de bonne santé et il sera mis en quarantaine pendant six mois. Il en est de même pour l'*Afrique du Sud*, *Gibraltar* et *Hong-Kong*. L'*Australie* refuse l'entrée à tous les animaux domestiques. Pour la *France*, vous aurez besoin des deux certificats mais il ne sera pas mis en quarantaine. En *Belgique*, seul le certificat de vaccination antirabique est demandé. En *Italie*, les deux certificats sont exigés comme d'ailleurs en *Israël*, en *Argentine*, au *Brésil*, au *Danemark*, en *Égypte*, en *Espagne*, en *Grèce*, en *Hongrie*, au *Mexique* et en *Tunisie*. En *Allemagne fédérale*, on ne demande que le certificat de bonne santé.

## Votre Husky voyage seul

Vous avez seulement à présenter votre chien assez tôt et surtout à être certain que la personne devant accueillir votre compagnon soit présente à l'arrivée. À toutes fins utiles, donnez l'adresse et le numéro de téléphone de cette personne au transporteur.

# Table des matières

# *Ouvrages parus chez les éditeurs du groupe Sogides*

* Pour l'Amérique du Nord seulement

LES ÉDITIONS DE L'HOMME

## AFFAIRES

* **Acheter une franchise,** Levasseur, Pierre
* **Bourse, La,** Brown, Mark
* **Comprendre le marketing,** Levasseur, Pierre
* **Devenir exportateur,** Levasseur, Pierre
**Étiquette des affaires, L',** Jankovic, Elena
* **Faire son testament soi-même,** Poirier, Me Gérald et Lescault-Nadeau, Martine
**Finances, Les,** Hutzler, Laurie H.
**Gérer ses ressources humaines,** Levasseur, Pierre
**Gestionnaire, Le,** Colwell, Marian
**Informatique, L',** Cone, E. Paul
* **Lancer son entreprise,** Levasseur, Pierre
**Leadership, Le,** Cribbin, James
**Meeting, Le,** Holland, Gary
**Mémo, Le,** Reinold, Cheryl
* **Ouvrir et gérer un commerce de détail,** Roberge, C.-D. et Charbonneau, A.
**Patron, Le,** Reinold, Cheryl
* **Stratégies de placements,** Nadeau, Nicole

## ANIMAUX

**Art du dressage, L',** Chartier, Gilles
**Cheval, Le,** Leblanc, Michel
**Chien dans votre vie, Le,** Margolis, M. et Swan, C.
**Éducation du chien de 0 à 6 mois, L',** DeBuyser, Dr Colette et Dehasse, Dr Joël
* **Encyclopédie des oiseaux,** Godfrey, W. Earl
**Guide de l'oiseau de compagnie, Le,** Dr R. Dean Axelson
**Guide des oiseaux, Le, T.1,** Stokes, W. Donald
**Guide des oiseaux, Le, T.2,** Stokes, W. Donald et Stokes, Q. Lilian
* **Mon chat, le soigner, le guérir,** D'Orangeville, Christian
**Observations sur les mammifères,** Provencher, Paul
* **Papillons du Québec, Les,** Veilleux, Christian et Prévost, Bernard
**Petite ferme, T.1, Les animaux,** Trait, Jean-Claude
**Vous et vos oiseaux de compagnie,** Huard-Viau, Jacqueline
**Vous et vos poissons d'aquarium,** Ganiel, Sonia
**Vous et votre beagle,** Eylat, Martin
**Vous et votre berger allemand,** Eylat, Martin

## ANIMAUX

**Vous et votre boxer,** Herriot, Sylvain
**Vous et votre braque allemand,** Eylat, Martin
**Vous et votre caniche,** Shira, Sav
**Vous et votre chat de gouttière,** Mamzer, Annie
**Vous et votre chat tigré,** Eylat, Odette
**Vous et votre chihuahua,** Eylat, Martin
**Vous et votre chow-chow,** Pierre Boistel
**Vous et votre cocker américain,** Eylat, Martin
**Vous et votre collie**, Éthier, Léon
**Vous et votre dalmatien,** Eylat, Martin
**Vous et votre danois,** Eylat, Martin
**Vous et votre doberman,** Denis, Paula
**Vous et votre fox-terrier,** Eylat, Martin
**Vous et votre golden retriever,** Denis, Paula
**Vous et votre husky,** Eylat, Martin
**Vous et votre labrador,** Van Der Heyden, Pierre
**Vous et votre lévrier afghan,** Eylat, Martin
**Vous et votre lhassa apso,** Van Der Heyden, Pierre
**Vous et votre persan,** Gadi, Sol
**Vous et votre petit rongeur,** Eylat, Martin
**Vous et votre schnauzer,** Eylat, Martin
**Vous et votre serpent,** Deland, Guy
**Vous et votre setter anglais,** Eylat, Martin
**Vous et votre shih-tzu,** Eylat, Martin
**Vous et votre siamois,** Eylat, Odette
**Vous et votre teckel,** Boistel, Pierre
**Vous et votre terre-neuve,** Pacreau, Marie-Edmée
**Vous et votre yorkshire,** Larochelle, Sandra

## ARTISANAT/BRICOLAGE

**Art du pliage du papier, L',** Harbin, Robert
* **Artisanat québécois, T.1**, Simard, Cyril
* **Artisanat québécois, T.2**, Simard, Cyril
* **Artisanat québécois, T.3**, Simard, Cyril
* **Artisanat québécois, T.4**, Simard, Cyril et Bouchard, Jean-Louis
* **Construire des cabanes d'oiseaux,** Dion, André
* **Encyclopédie de la maison québécoise,** Lessard, Michel et Villandré, Gilles
* **Encyclopédie des antiquités,** Lessard, Michel et Marquis, Huguette
* **J'apprends à dessiner,** Nassh, Joanna
**Taxidermie moderne, La,** Labrie, Jean
* **Tissage, Le,** Grisé-Allard, Jeanne et Galarneau, Germaine
**Vitrail, Le,** Bettinger, Claude

## BIOGRAPHIES

* **Brian Orser - Maître du triple axel,** Orser, Brian et Milton, Steve
* **Dans la fosse aux lions,** Chrétien, Jean
* **Dans la tempête,** Lachance, Micheline
* **Duplessis, T.1 - L'ascension,** Black, Conrad
* **Duplessis, T.2 - Le pouvoir,** Black, Conrad
* **Ed Broadbent - La conquête obstinée du pouvoir,** Steed, Judy
* **Establishment canadien, L',** Newman, Peter C.
* **Larry Robinson,** Robinson, Larry et Goyens, Chrystian
* **Michel Robichaud - Monsieur Mode,** Charest, Nicole
* **Monopole, Le,** Francis, Diane
* **Nouveaux riches, Les,** Newman, Peter C.
* **Paul Desmarais - Un homme et son empire,** Greber, Dave
* **Plamondon - Un cœur de rockeur,** Godbout, Jacques
* **Prince de l'Église, Le,** Lachance, Micheline
* **Québec Inc.,** Fraser, M.
* **Rick Hansen - Vivre sans frontières,** Hansen, Rick et Taylor, Jim
* **Saga des Molson, La**, Woods, Shirley
* **Sous les arches de McDonald's,** Love, John F.
* **Trétiak, entre Moscou et Montréal,** Trétiak, Vladislav

## BIOGRAPHIES

* **Une femme au sommet - Son excellence Jeanne Sauvé,** Woods, Shirley E.

## CARRIÈRE/VIE PROFESSIONNELLE

* **Choix de carrières, T.1,** Milot, Guy
* **Choix de carrières, T.2,** Milot, Guy
* **Choix de carrières, T.3,** Milot, Guy
**Comment rédiger son curriculum vitae,** Brazeau, Julie
**Guide du succès, Le,** Hopkins, Tom
* **Je cherche un emploi,** Brazeau, Julie
**Parlez pour qu'on vous écoute,** Brien, Michèle
**Relations publiques, Les,** Doin, Richard et Lamarre, Daniel
**Techniques de vente par téléphone,** Porterfield, J.-D.
* **Test d'aptitude pour choisir sa carrière,** Barry, Linda et Gale
**Une carrière sur mesure,** Lemyre-Desautels, Denise
**Vente, La,** Hopkins, Tom

## CUISINE

* **À table avec Sœur Angèle,** Sœur Angèle
* **Art d'apprêter les restes, L',** Lapointe, Suzanne
**Barbecue, Le,** Dard, Patrice
* **Biscuits, brioches et beignes,** Saint-Pierre, A.
* **Boîte à lunch, La,** Lambert-Lagacé, Louise
**Brunches et petits déjeuners en fête,** Bergeron, Yolande
**100 recettes de pain faciles à réaliser,** Saint-Pierre, Angéline
* **Confitures, Les,** Godard, Misette
**Congélation de A à Z, La,** Hood, Joan
**Congélation des aliments, La,** Lapointe, Suzanne
**Conserves, Les,** Sœur Berthe
**Crème glacée et sorbets,** Lebuis, Yves et Pauzé, Gilbert
**Crêpes, Les,** Letellier, Julien
**Cuisine au wok,** Solomon, Charmaine
**Cuisine aux micro-ondes 1 et 2 portions,** Marchand, Marie-Paul
* **Cuisine chinoise traditionnelle, La,** Chen, Jean
* **Cuisine créative Campbell, La,** Cie Campbell
**Cuisine facile aux micro-ondes,** Saint-Amour, Pauline
* **Cuisine joyeuse de Sœur Angèle, La,** Sœur Angèle
**Cuisine micro-ondes, La,** Benoît, Jehane
* **Cuisine santé pour les aînés,** Hunter, Denyse
**Cuisiner avec le four à convection,** Benoît, Jehane
* **Cuisiner avec les champignons sauvages du Québec,** Leclerc, Claire L.
**Faire son pain soi-même,** Murray Gill, Janice
* **Faire son vin soi-même,** Beaucage, André
**Fine cuisine aux micro-ondes, La,** Dard, Patrice
**Fondues et flambées de maman Lapointe,** Lapointe, Suzanne
**Fondues, Les,** Dard, Patrice
**Je me débrouille en cuisine,** Richard, Diane
**Livre du café, Le,** Letellier, Julien
**Menus pour recevoir,** Letellier, Julien
**Muffins, Les,** Clubb, Angela
**Nouvelle cuisine micro-ondes I, La,** Marchand, Marie-Paul et Grenier, Nicole
**Nouvelles cuisine micro-ondes II, La,** Marchand, Marie-Paul et Grenier, Nicole
**Omelettes, Les,** Letellier, Julien
**Pâtes, Les,** Letellier, Julien
* **Pâtisserie, La,** Bellot, Maurice-Marie
* **Recettes au blender,** Huot, Juliette
* **Recettes de gibier,** Lapointe, Suzanne
* **Robot culinaire, Le,** Martin, Pol

## DIÉTÉTIQUE

**Combler ses besoins en calcium,** Hunter, Denyse
* **Compte-calories, Le,** Brault-Dubuc, M. et Caron Lahaie, L.
* **Cuisine du monde entier avec Weight Watchers,** Weight Watchers
**Cuisine sage, Une,** Lambert-Lagacé, Louise
**Défi alimentaire de la femme, Le,** Lambert-Lagacé, Louise
* **Diète Rotation, La,** Katahn, Dr Martin
* **Diététique dans la vie quotidienne,** Lambert-Lagacé, Louise
**Livre des vitamines, Le,** Mervyn, Leonard
**Menu de santé,** Lambert-Lagacé, Louise
**Oubliez vos allergies, et... bon appétit,** Association de l'information sur les allergies
* **Petite et grande cuisine végétarienne,** Bédard, Manon
* **Plan d'attaque Weight Watchers, Le,** Nidetch, Jean
* **Plan d'attaque Plus Weight Watchers, Le,** Nidetch, Jean
* **Régimes pour maigrir,** Beaudoin, Marie-Josée
**Sage bouffe de 2 à 6 ans, La,** Lambert-Lagacé, Louise
* **Weight Watchers - Cuisine rapide et savoureuse,** Weight Watchers
* **Weight Watchers - Agenda 85 - Français,** Weight Watchers
* **Weight Watchers - Agenda 85 - Anglais,** Weight Watchers
* **Weight Watchers - Programme - Succès Rapide,** Weight Watchers

## ENFANCE

* **Aider son enfant en maternelle,** Pedneault-Pontbriand, Louise
**Années clés de mon enfant, Les,** Caplan, Frank et Thérèsa
**Art de l'allaitement maternel, L',** Ligue internationale La Leche
**Avoir un enfant après 35 ans,** Robert, Isabelle
**Bientôt maman,** Whalley, J., Simkin, P. et Keppler, A.
**Comment nourrir son enfant,** Lambert-Lagacé, Louise
**Deuxième année de mon enfant, La,** Caplan, Frank et Thérèsa
**Développement psychomoteur du bébé,** Calvet, Didier
**Douze premiers mois de mon enfant, Les,** Caplan, Frank
* **En attendant notre enfant,** Pratte-Marchessault, Yvette
* **Enfant unique, L',** Peck, Ellen
**Évoluer avec ses enfants,** Gagné, Pierre-Paul
**Exercices aquatiques pour les futures mamans,** Dussault, J. et Demers, C.
* **Femme enceinte, La,** Bradley, Robert A.
* **Futur père,** Pratte-Marchessault, Yvette
**Jouons avec les lettres,** Doyon-Richard, Louise
**Langage de votre enfant, Le,** Langevin, Claude
**Mal des mots, Le,** Thériault, Denise
**Manuel Johnson et Johnson des premiers soins, Le,** Rosenberg, Dr Stephen N.
**Massage des bébés, Le,** Auckette, Amédia D.
**Mon enfant naîtra-t-il en bonne santé?** Scher, Jonathan et Dix, Carol
* **Pour bébé, le sein ou le biberon?** Pratte-Marchessault, Yvette
* **Pour vous future maman,** Sekely, Trude
**Préparez votre enfant à l'école,** Doyon-Richard, Louise
**Psychologie de l'enfant de 0 à 10 ans,** Cholette-Pérusse, Françoise
**Respirations et positions d'accouchement,** Dussault, Joanne
**Soins de la première année de bébé, Les,** Kelly, Paula
**Tout se joue avant la maternelle,** Ibuka, Masaru

## ÉSOTÉRISME

**Avenir dans les feuilles de thé, L,** Fenton, Sasha
**Graphologie, La,** Santoy, Claude
**Interprétez vos rêves,** Stanké, Louis
**Lignes de la main,** Stanké, Louis
**Lire dans les lignes de la main,** Morin, Michel
**Vos rêves sont des miroirs,** Cayla, Henri
**Votre avenir par les cartes,** Stanké, Louis

## HISTOIRE

* **Arrivants, Les,** Collectif
* **Civilisation chinoise, La,** Guay, Michel
* **Or des cavaliers thraces, L',** Palais de la civilisation
* **Samuel de Champlain,** Armstrong, Joe C.W.

## JARDINAGE

* **Chasse-insectes pour jardins, Le,** Michaud, O.
* **Comment cultiver un jardin potager,** Trait, J.-C.
* **Encyclopédie du jardinier**, Perron, W. H.
* **Guide complet du jardinage**, Wilson, Charles
**J'aime les azalées,** Deschênes, Josée
**J'aime les cactées,** Lamarche, Claude
**J'aime les rosiers,** Pronovost, René
**J'aime les tomates,** Berti, Victor
**J'aime les violettes africaines,** Davidson, Robert
**Jardin d'herbes, Le,** Prenis, John
* **Je me débrouille en aménagement extérieur,** Bouillon, Daniel et Boisvert, Claude
* **Petite ferme, T.2- Jardin potager,** Trait, Jean-Claude
* **Plantes d'intérieur, Les,** Pouliot, Paul
* **Techniques de jardinage, Les,** Pouliot, Paul
**Terrariums, Les,** Kayatta, Ken

## JEUX/DIVERTISSEMENTS

* **Améliorons notre bridge,** Durand, Charles
* **Bridge, Le,** Beaulieu, Viviane
* **Clés du scrabble, Les,** Sigal, Pierre A.
**Dictionnaire des mots croisés, noms communs,** Lasnier, Paul
**Dictionnaire des mots croisés, noms propres,** Piquette, Robert
**Dictionnaire raisonné des mots croisés,** Charron, Jacqueline
* **Jouons ensemble**, Provost, Pierre
**Livre des patiences, Le**, Bezanovska, M. et Kitchevats, P.
**Monopoly**, Orbanes, Philip
* **Ouverture aux échecs**, Coudari, Camille
* **Scrabble, Le**, Gallez, Daniel
**Techniques du billard**, Morin, Pierre

## LINGUISTIQUE

**Anglais par la méthode choc, L'**, Morgan, Jean-Louis
**J'apprends l'anglais**, Sillicani, Gino et Grisé-Allard, Jeanne
* **Secrétaire bilingue, La,** Lebel, Wilfrid

## LIVRES PRATIQUES

* **Acheter ou vendre sa maison,** Brisebois, Lucille
* **Assemblées délibérantes, Les,** Girard, Francine
**Chasse-insectes dans la maison, Le,** Michaud, O.
**Chasse-taches, Le,** Cassimatis, Jack
* **Comment réduire votre impôt,** Leduc-Dallaire, Johanne
* **Guide de la haute-fidélité, Le,** Prin, Michel
**Je me débrouille en aménagement intérieur,** Bouillon, Daniel et Boisvert, Claude
**Livre de l'étiquette, Le,** du Coffre, Marguerite
* **Loi et vos droits, La,** Marchand, Me Paul-Émile
* **Maîtriser son doigté sur un clavier,** Lemire, Jean-Paul
* **Mécanique de mon auto, La,** Time-Life
* **Mon automobile,** Collège Marie-Victorin et Gouv. du Québec
**Notre mariage (étiquette et planification),** du Coffre, Marguerite
* **Petits appareils électriques,** Collaboration
**Petit guide des grands vins, Le,** Orhon, Jacques
* **Piscines, barbecues et patio,** Collaboration
* **Roulez sans vous faire rouler, T.3,** Edmonston, Philippe
**Séjour dans les auberges du Québec,** Cazelais, Normand et Coulon, Jacques
**Se protéger contre le vol,** Kabundi, Marcel et Normandeau, André
* **Tout ce que vous devez savoir sur le condominium,** Dubois, Robert
**Univers de l'astronomie, L',** Tocquet, Robert
**Week-end à New York,** Tavernier-Cartier, Lise

## MUSIQUE

**Chant sans professeur, Le,** Hewitt, Graham
**Guitare, La,** Collins, Peter
**Guitare sans professeur, La,** Evans, Roger
**Piano sans professeur, Le,** Evans, Roger
**Solfège sans professeur, Le,** Evans, Roger

## NOTRE TRADITION

* **Encyclopédie du Québec, T.2,** Landry, Louis
**Généalogie, La,** Faribeault-Beauregard, M. et Beauregard Malak, E.
* **Maison traditionnelle au Québec, La,** Lessard, Michel
* **Moulins à eau de la vallée du Saint-Laurent, Les,** Villeneuve, Adam
* **Sculpture ancienne au Québec, La,** Porter, John R. et Bélisle, Jean
* **Temps des fêtes au Québec, Le,** Montpetit, Raymond

## PHOTOGRAPHIE

**Apprenez la photographie avec Antoine Désilets,** Désilets, Antoine
**8/Super 8/16,** Lafrance, André
**Fabuleuse lumière canadienne,** Hines, Sherman
* **Initiation à la photographie,** London, Barbara
* **Initiation à la photographie-Canon,** London, Barbara
* **Initiation à la photographie-Minolta,** London, Barbara
* **Initiation à la photographie-Nikon,** London, Barbara

## PHOTOGRAPHIE

* **Initiation à la photographie-Olympus,** London, Barbara
* **Initiation à la photographie-Pentax,** London, Barbara

**Photo à la portée de tous, La,** Désilets, Antoine

## PSYCHOLOGIE

**Aider mon patron à m'aider,** Houde, Eugène
* **Amour de l'exigence à la préférence, L',** Auger, Lucien
**Apprivoiser l'ennemi intérieur,** Bach, Dr G. et Torbet, L.
**Art d'aider, L',** Carkhuff, Robert R.
**Auto-développement, L',** Garneau, Jean
* **Bonheur au travail, Le,** Houde, Eugène
**Bonheur possible, Le,** Blondin, Robert
**Ces hommes qui méprisent les femmes... et les femmes qui les aiment,** Forward, Dr S. et Torres, J.
**Changer ensemble, les étapes du couple,** Campbell, Suzan M.
**Chimie de l'amour, La,** Liebowitz, Michael
**Comment animer un groupe,** Office Catéchèse
**Comment déborder d'énergie,** Simard, Jean-Paul
**Communication dans le couple, La,** Granger, Luc
**Communication et épanouissement personnel,** Auger, Lucien
**Contact,** Zunin, L. et N.
**Découvrir un sens à sa vie avec la logothérapie,** Frankl, Dr V.
* **Dynamique des groupes,** Aubry, J.-M. et Saint-Arnaud, Y.
**Élever des enfants sans perdre la boule,** Auger, Lucien
**Enfants de l'autre, Les,** Paris, Erna
**Être soi-même,** Corkille Briggs, D.
**Facteur chance, Le,** Gunther, Max
**Infidélité, L',** Leigh, Wendy
**Intuition, L',** Goldberg, Philip
* **J'aime,** Saint-Arnaud, Yves
**Journal intime intensif, Le,** Progoff, Ira
**Mensonge amoureux, Le,** Blondin, Robert
**Parce que je crois aux enfants,** Ruffo, Andrée
**Parle-moi... j'ai des choses à te dire,** Salomé, Jacques
**Perdant / Gagnant - Réussissez vos échecs,** Hyatt, Carole et Gottlieb, Linda
* **Personne humaine, La ,** Saint-Arnaud, Yves
* **Plaisirs du stress, Les,** Hanson, Dr Peter, G.
**Pourquoi l'autre et pas moi? - Le droit à la jalousie,** Auger, Dr Louise
**Prévenir et surmonter la déprime,** Auger, Lucien
* **Prévoir les belles années de la retraite,** D. Gordon, Michael
* **Psychologie de l'amour romantique,** Branden, Dr N.
**Puissance de l'intention, La,** Leider, R.-J.
**S'affirmer et communiquer,** Beaudry, Madeleine et Boisvert, J.R.
**S'aider soi-même,** Auger, Lucien
**S'aider soi-même d'avantage,** Auger, Lucien
* **S'aimer pour la vie,** Wanderer, Dr Zev
**Savoir organiser, savoir décider,** Lefebvre, Gérald
**Savoir relaxer pour combattre le stress,** Jacobson, Dr Edmund
**Se changer,** Mahoney, Michael
**Se comprendre soi-même par les tests,** Collectif
**Se connaître soi-même,** Artaud, Gérard
**Se créer par la Gestalt,** Zinker, Joseph
* **Se guérir de la sottise,** Auger, Lucien
**Si seulement je pouvais changer!** Lynes, P.
**Tendresse, La,** Wolfl, N.
**Vaincre ses peurs,** Auger, Lucien
**Vivre avec sa tête ou avec son cœur,** Auger, Lucien

## ROMANS/ESSAIS/DOCUMENTS

* **Baie d'Hudson, La,** Newman, Peter, C.
* **Conquérants des grands espaces, Les,** Newman, Peter, C.
* **Des Canadiens dans l'espace**, Dotto, Lydia
* **Dieu ne joue pas aux dés,** Laborit, Henri
* **Frères divorcés, Les**, Godin, Pierre
* **Insolences du Frère Untel, Les,** Desbiens, Jean-Paul
* **J'parle tout seul**, Coderre, Émile
**Option Québec,** Lévesque, René
* **Oui,** Lévesque, René
* **Provigo,** Provost, René et Chartrand, Maurice
**Sur les ailes du temps (Air Canada),** Smith, Philip
* **Telle est ma position,** Mulroney, Brian
* **Trois semaines dans le hall du Sénat,** Hébert, Jacques
* **Un second souffle,** Hébert, Diane

## SANTÉ/BEAUTÉ

* **Ablation de la vésicule biliaire, L',** Paquet, Jean-Claude
* **Ablation des calculs urinaires, L',** Paquet, Jean-Claude
* **Ablation du sein, L',** Paquet, Jean-claude
* **Allergies, Les,** Delorme, D$^{r}$ Pierre
**Bien vivre sa ménopause,** Gendron, D$^{r}$ Lionel
**Charme et sex-appeal au masculin,** Lemelin, Mireille
**Chasse-rides**, Leprince, C.
* **Chirurgie vasculaire, La,** Paquet, Jean-Claude
**Comment devenir et rester mince,** Mirkin, D$^{r}$ Gabe
**De belles jambes à tout âge,** Lanctôt, D$^{r}$ G.
* **Dialyse et la greffe du rein, La**, Paquet, Jean-Claude
**Être belle pour la vie,** Bronwen, Meredith
**Glaucomes et les cataractes, Les,** Paquet, Jean-Claude
* **Grandir en 100 exercices,** Berthelet, Pierre
* **Hernies discales, Les,** Paquet, Jean-Claude
**Hystérectomie, L',** Alix, Suzanne
**Maigrir: La fin de l'obsession,** Orbach, Susie
* **Malformations cardiaques congénitales, Les,** Paquet, Jean-Claude
**Maux de tête et migraines,** Meloche, D$^{r}$ J. , Dorion, J.
**Perdre son ventre en 30 jours H-F,** Burstein, Nancy et Roy, Matthews
* **Pontage coronarien, Le,** Paquet, Jean-Claude
* **Prothèses d'articulation,** Paquet, Jean-Claude
* **Redressements de la colonne,** Paquet, Jean-Claude
* **Remplacements valvulaires, Les,** Paquet, Jean-Claude
**Ronfleurs, réveillez-vous,** Piché, D$^{r}$ J. et Delage, J.
**Syndrome prémenstruel, Le,** Shreeve, D$^{r}$ Caroline
**Travailler devant un écran,** Feeley, D$^{r}$ Helen
**30 jours pour avoir de beaux cheveux,** Davis, Julie
**30 jours pour avoir de beaux ongles,** Bozic, Patricia
**30 jours pour avoir de beaux seins,** Larkin, Régina
**30 jours pour avoir de belles fesses,** Cox, D. et Davis, Julie
**30 jours pour avoir un beau teint,** Zizmon, D$^{r}$ Jonathan
**30 jours pour cesser de fumer,** Holland, Gary et Weiss, Herman
**30 jours pour mieux s'organiser,** Holland, Gary
**30 jours pour redevenir un couple amoureux,** Nida, Patricia et Cooney, Kevin
**30 jours pour un plus grand épanouissement sexuel,** Schneider, A.
**Vos dents**, Kandelman, D$^{r}$ Daniel
**Vos yeux,** Chartrand, Marie et Lepage-Durand, Micheline

## SEXUALITÉ

**Contacts sexuels sans risques,** I.A.S.H.S.
* **Guide illustré du plaisir sexuel,** Corey, Dr Robert et Helg, E.
**Ma sexualité de 0 à 6 ans,** Robert, Jocelyne
**Ma sexualité de 6 à 9 ans,** Robert, Jocelyne
**Ma sexualité de 9 à 12 ans,** Robert, Jocelyne
**Mille et une bonnes raisons pour le convaincre d'enfiler un condom et pourquoi c'est important pour vous...,** Bretman, Patti, Knutson, Kim et Reed, Paul
* **Nous on en parle,** Lamarche, M. et Danheux, P.
**Pour jeunes seulement, photoroman d'éducation à la sexualité,** Robert, Jocelyne
**Sexe au féminin, Le,** Kerr, Carmen
**Sexualité du jeune adolescent, La,** Gendron, Lionel
**Shiatsu et sensualité,** Rioux, Yuki
* **100 trucs de billard,** Morin, Pierre

## SPORTS

**Apprenez à patiner,** Marcotte, Gaston
**Arc et la chasse, L',** Guardo, Greg
**Armes de chasse, Les,** Petit-Martinon, Charles
**Badminton, Le,** Corbeil, Jean
* **Canadiens de 1910 à nos jours, Les,** Turowetz, Allan et Goyens, C.
**Carte et boussole,** Kjellstrom, Bjorn
**Comment se sortir du trou au golf,** Brien, Luc
**Comment vivre dans la nature,** Rivière, Bill
**Corrigez vos défauts au golf,** Bergeron, Yves
* **Curling, Le,** Lukowich, E.
**De la hanche aux doigts de pieds,** Schneider, Myles J. et Sussman, Mark D.
**Devenir gardien de but au hockey,** Allaire, François
**Golf au féminin, Le,** Bergeron, Yves
**Grand livre des sports, Le,** Groupe Diagram
**Guide complet de la pêche à la mouche, Le,** Blais, J.-Y.
**Guide complet du judo, Le,** Arpin, Louis
**Guide complet du self-defense, Le,** Arpin, Louis
**Guide de l'alpinisme, Le,** Cappon, Massimo
**Guide de la survie de l'armée américaine, Le,** Collectif
**Guide des jeux scouts,** Association des scouts
**Guide du trappeur, Le,** Provencher, Paul
**Initiation à la planche à voile,** Wulff, D. et Morch, K.
**J'apprends à nager,** Lacoursière, Réjean
**Je me débrouille à la chasse,** Richard, Gilles et Vincent, Serge
**Je me débrouille à la pêche,** Vincent, Serge
**Je me débrouille à vélo,** Labrecque, Michel et Boivin, Robert
**Je me débrouille dans une embarcation,** Choquette, Robert
**Jogging, Le,** Chevalier, Richard
* **Jouez gagnant au golf,** Brien, Luc
* **Larry Robinson, le jeu défensif,** Robinson, Larry
**Manuel de pilotage,** Transport Canada
**Marathon pour tous, Le,** Anctil, Pierre
**Maxi-performance,** Garfield, Charles A. et Bennett, Hal Zina
**Mon coup de patin,** Wild, John
**Musculation pour tous, La,** Laferrière, Serge
* **Partons en camping,** Satterfield, Archie et Bauer, Eddie
**Partons sac au dos,** Satterfield, Archie et Bauer, Eddie
**Passes au hockey,** Chapleau, Claude
**Pêche à la mouche, La,** Marleau, Serge
**Pêche à la mouche,** Vincent, Serge
**Planche à voile, La,** Maillefer, Gérard
**Programme XBX,** Aviation Royale du Canada
**Racquetball,** Corbeil, Jean
**Racquetball plus,** Corbeil, Jean
**Rivières et lacs canotables,** Fédération québécoise du canot-camping
**S'améliorer au tennis,** Chevalier Richard
**Saumon, Le,** Dubé, J.-P.

# SPORTS

**Secrets du baseball, Les,**
Raymond, Claude
**Ski de randonnée, Le,** Corbeil, Jean
**Taxidermie, La,** Labrie, Jean
**Taxidermie moderne, La,** Labrie, Jean
**Techniques du billard,** Morin, Pierre
**Techniques du golf,** Brien, Luc
**Techniques du hockey en URSS,**
Dyotte, Guy
**Techniques du ski alpin,** Campbell, S.,
Lundberg, M.
**Techniques du tennis,** Ellwanger
**Tennis, Le,** Roch, Denis
* **Viens jouer**, Villeneuve, Michel José
**Vivre en forêt,** Provencher, Paul
**Volley-ball, Le,** Fédération de volley-ball

**le jour, éditeur**

## ANIMAUX

* * **Poissons de nos eaux,** Melançon, Claude

## ACTUALISATION

**Agressivité créatrice, L' - La nécessité de s'affirmer,** Bach, Dr G.-R., Goldberg, Dr H.
**Aimer, c'est choisir d'être heureux,** Kaufman, B.-N.
**Arrête! tu m'exaspères - Protéger son territoire,** Bach, Dr G., Deutsch, R.
**Ennemis intimes,** Bach, Dr G., Wyden, P.
**Enseignants efficaces - Enseigner et être soi-même,** Gordon, Dr T.
**États d'esprit,** Glasser, W.
**Focusing - Au centre de soi,** Gendlin, Dr E.T.
**Jouer le tout pour le tout, le jeu de la vie,** Frederick, C.
**Manifester son affection -De la solitude à l'amour,** Bach, Dr G., Torbet, L.
**Miracle de l'amour,** Kaufman, B.-N.
**Nouvelles relations entre hommes et femmes,** Goldberg, Dr H.
* **Parents efficaces,** Gordon, Dr T.
**Se vider dans la vie et au travail - Burnout,** Pines, A. , Aronson, E.
**Secrets de la communication, Les,** Bandler, R., Grinder, J.

## DIVERS

* **Coopératives d'habitation, Les,** Leduc, Murielle
* **Hiérarchie ethnique dans la grande entreprise,** Rainville, Jean
* **Initiation au coopératisme,** Bédard, Claude
* **Lune de trop, Une,** Gagnon, Alphonse

## ÉSOTÉRISME

**Astrologie pratique, L',** Reinicke, Wolfgang
**Grand livre de la cartomancie, Le,** Von Lentner, G.
**Grand livre des horoscopes chinois, Le,** Lau, Theodora
* **Horoscope chinois,** Del Sol, Paula
**Lu dans les cartes,** Jones, Marthy
**Synastrie, La,** Thornton, Penny
**Traité d'astrologie,** Hirsig, H.

## GUIDES PRATIQUES/JEUX/LOISIRS

* **1,500 prénoms et significations,** Grisé-Allard, J.
* **Backgammon,** Lesage, D.

## NOTRE TRADITION

* **Lettre à un Français qui veut émigrer au Québec**, Dubuc, Carl

## PSYCHOLOGIE/VIE AFFECTIVE ET PROFESSIONNELLE

**Adieu,** Halpern, Dr Howard
**Adieu Tarzan,** Franks, Helen
**Aimer son prochain comme soi-même,** Murphy, Dr Joseph
* **Anti-stress, L',** Eylat, Odette
**Apprendre à vivre et à aimer,** Buscaglia, L.
**Art d'engager la conversation et de se faire des amis, L',** Gabor, Don
**Art de convaincre, L',** Heinz, Ryborz
* **Art d'être égoïste, L',** Kirschner, Joseph
**Autre femme, L',** Sévigny, Hélène
**Bains flottants, Les,** Hutchison, Michael
**Ces hommes qui ne communiquent pas,** Naifeh S. et White, S.G.
**Ces vérités vont changer votre vie**, Murphy, Dr Joseph
**Comment aimer vivre seul,** Shanon, Lynn
**Comment dominer et influencer les autres**, Gabriel, H.W.
**Comment faire l'amour à la même personne pour le reste de votre vie!**, O'Connor, D.
**Comment faire l'amour à une femme,** Morgenstern, M.
**Comment faire l'amour à un homme,** Penney, A.
**Comment faire l'amour ensemble,** Penney, A.
**Contacts en or avec votre clientèle,** Sapin Gold, Carol
**Contrôle de soi par la relaxation, Le,** Marcotte, Claude
**Dire oui à l'amour,** Buscaglia, Léo
* **Famille moderne et son avenir, La,** Richards, Lyn
**Femme de demain,** Keeton, K.
**Gestalt, La,** Polster, Erving
**Homme au dessert, Un,** Friedman, Sonya
**Homme nouveau, L',** Bodymind, Dychtwald Ken
**Influence de la couleur, L',** Wood, Betty
**Jeux de nuit,** Bruchez, C.
**Maigrir sans obsession,** Orbach, Susie
**Maîtriser son destin,** Kirschner, Joseph
**Massage en profondeur, Le,** Painter, J., Bélair, M.
**Mémoire, La,** Loftus, Élizabeth
* **Mémoire à tout âge, La,** Dereskey, Ladislaus
**Miracle de votre esprit, Le,** Murphy, Dr Joseph
**Négocier entre vaincre et convaincre,** Warschaw, Dr Tessa
**On n'a rien pour rien**, Vincent, Raymond
**Oracle de votre subconscient, L',** Murphy, Dr Joseph

## PSYCHOLOGIE/VIE AFFECTIVE ET PROFESSIONNELLE

**Passion du succès, La,** Vincent, R.
**Pensée constructive et bon sens, La,** Vincent, Raymond
* **Personnalité, La,** Buscaglia, Léo
**Petit répertoire des excuses, Le,** Charbonneau, C., Caron, N.
**Pourquoi remettre à plus tard?,** Burka, Jane B., Yuen, L.M.
**Pouvoir de votre cerveau, Le,** Brown, Barbara
**Puissance de votre subconscient, La,** Murphy, D^r^ Joseph
**Réfléchissez et devenez riche,** Hill, Napoleon
**S'aimer ou le défi des relations humaines,** Buscaglia, Léo
**Sexualité expliquée aux adolescents, La,** Boudreau, Y.
**Succès par la pensée constructive, Le,** Hill, Napoleon et Stone, W.-C.
**Transformez vos faiblesses en force,** Bloomfield, Dr Harold
**Triomphez de vous-même et des autres,** Murphy, Dr Joseph
**Univers de mon subconscient, L',** Vincent, Raymond
**Vaincre la dépression par la volonté et l'action,** Marcotte, Claude
**Vieillir en beauté,** Oberleder, Muriel
**Vivre avec les imperfections de l'autre,** Janda, Dr Louis H.
**Vivre c'est vendre,** Chaput, Jean-Marc

## ROMANS/ESSAIS

* **Affrontement, L',** Lamoureux, Henri
* **C't'a ton tour Laura Cadieux,** Tremblay, Michel
* **Cœur de la baleine bleue, Le,** Poulin, Jacques
* **Coffret petit jour,** Martucci, Abbé Jean
* **Contes pour buveurs attardés,** Tremblay, Michel
* **De Z à A,** Losique, Serge
* **Femmes et politique,** Cohen, Yolande
* **Il est par là le soleil,** Carrier, Roch
* **Jean-Paul ou les hasards de la vie,** Bellier, Marcel
* **Neige et le feu, La,** Baillargeon, Pierre
* **Objectif camouflé,** Porter, Anna
* **Oslovik fait la bombe,** Oslovik
* **Train de Maxwell, Le,** Hyde, Christopher
* **Vatican -Le trésor de St-Pierre,** Malachi, Martin

## SANTÉ

**Tao de longue vie, Le,** Soo, Chee
**Vaincre l'insomnie,** Filion, Michel et Boisvert, Jean-Marie

## SPORT

* **Guide des rivières du Québec,** Fédération cano-kayac
* **Ski nordique de randonnée,** Brady, Michael

## TÉMOIGNAGES

**Merci pour mon cancer,** De Villemarie, Michelle

Quinze

## COLLECTIFS DE NOUVELLES

* **Aimer,** Beaulieu, V.-L., Berthiaume, A., Carpentier, A., Daviau, D.-M., Major, A., Provencher, M., Proulx, M., Robert, S. et Vonarburg, E.
* **Crever l'écran,** Baillargeon, P., Éthier-Blais, J., Blouin, C.-R., Jacob, S., Jean, M., Laberge, M., Lanctôt, M., Lefebvre, J.-P., Petrowski, N. et Poupart, J.-M.
* **Dix contes et nouvelles fantastiques,** April, J.-P., Barcelo, F., Bélil, M., Belleau, A., Brossard, J., Brulotte, G., Carpentier, A., Major, A., Soucy, J.-Y. et Thériault, M.-J.
* **Dix nouvelles de science-fiction québécoise,** April, J.-P., Barbe, J., Provencher, M., Côté, D., Dion, J., Pettigrew, J., Pelletier, F., Rochon, E., Sernine, D., Sévigny, M. et Vonarburg, E.
* **Dix nouvelles humoristiques,** Audet, N., Barcelo, F., Beaulieu, V.-L., Belleau, A., Carpentier, A., Ferron, M., Harvey, P., Pellerin, G., Poupart, J.-M. et Villemaire, Y.
* **Fuites et poursuites,** Archambault, G., Beauchemin, Y., Bouyoucas, P., Brouillet,C., Carpentier, A., Hébert, F., Jasmin, C., Major, A., Monette, M. et Poupart, J.-M.
* **L'aventure, la mésaventure,** Andrès, B., Beaumier, J.-P., Bergeron, B., Brulotte, G., Gagnon, D., Karch, P., LaRue, M., Monette, M. et Rochon, E.

## DIVERS

* **Beauté tragique,** Robertson, Heat
* **Canada — Les débuts héroïques,** Creighton, Donald
* **Défi québécois, Le,** Monnet, François-Marie
* **Difficiles lettres d'amour,** Garneau, Jacques
* **Esprit libre, L',** Powell, Robert
* **Grand branle-bas, Le,** Hébert, Jacques et Strong, Maurice F.
* **Histoire des femmes au Québec, L',** Collectif, CLIO
* **Mémoires de J. E. Bernier, Les,** Therrien, Paul

## DIVERS

* **Mythe de Nelligan, Le,** Larose, Jean
* **Nouveau Canada à notre mesure,** Matte, René
* **Papineau,** De Lamirande, Claire
* **Personne ne voudrait savoir,** Schirm, François
* **Philosophe chat, Le,** Savoie, Roger
* **Pour une économie du bon sens,** Bailey, Arthur
* **Québec sans le Canada, Le,** Harbron, John D.
* **Qui a tué Blanche Garneau?,** Bertrand, Réal
* **Réformiste, Le,** Godbout, Jacques
* **Relations du travail,** Centre des dirigeants d'entreprise
* **Sauver le monde,** Sanger, Clyde
* **Silences à voix haute,** Harel, Jean-Pierre

## LIVRES DE POCHES 10 /10

* **37 1/2 AA,** Leblanc, Louise
* **Aaron,** Thériault, Yves
* **Agaguk,** Thériault, Yves
* **Blocs erratiques,** Aquin, Hubert
* **Bousille et les justes,** Gélinas, Gratien
* **Chère voisine,** Brouillet, Chrystine
* **Cul-de-sac,** Thériault, Yves
* **Demi-civilisés, Les,** Harvey, Jean-Charles
* **Dernier havre, Le,** Thériault, Yves
* **Double suspect, Le,** Monette, Madeleine
* **Faire sa mort comme faire l'amour,** Turgeon, Pierre
* **Fille laide, La,** Thériault, Yves
* **Fuites et poursuites,** Collectif
* **Première personne, La,** Turgeon, Pierre
* **Scouine, La,** Laberge, Albert
* **Simple soldat, Un,** Dubé, Marcel
* **Souffle de l'Harmattan, Le,** Trudel, Sylvain
* **Tayaout,** Thériault, Yves

## LIVRES JEUNESSE

* **Marcus, fils de la louve,** Guay, Michel et Bernier, Jean

## MÉMOIRES D'HOMME

* **À diable-vent,** Gauthier Chassé, Hélène
* **Barbes-bleues, Les,** Bergeron, Bertrand
* **C'était la plus jolie des filles,** Deschênes, Donald
* **Bête à sept têtes et autres contes de la Mauricie, La,** Legaré, Clément
* **Contes de bûcherons,** Dupont, Jean-Claude
* **Corbeau du Mont-de-la-Jeunesse, Le,** Desjardins, Philémon et Lamontagne, Gilles
* **Guide raisonné des jurons,** Pichette, Jean
* **Menteries drôles et merveilleuses,** Laforte, Conrad
* **Oiseau de la vérité, L',** Aucoin, Gérard
* **Pierre La Fève et autres contes de la Mauricie,** Legaré, Clément

# ROMANS/THÉÂTRE

* **1, place du Québec, Paris VIe,** Saint-Georges, Gérard
* **7° de solitude ouest,** Blondin, Robert
* **37 1/2 AA,** Leblanc, Louise
* **Ah! l'amour l'amour,** Audet, Noël
* **Amantes,** Brossard, Nicole
* **Amour venin, L',** Schallingher, Sophie
* **Aube de Suse, L',** Forest, Jean
* **Aventure de Blanche Morti, L',** Beaudin-Beaupré, Aline
* **Baby-boomers,** Vigneault, Réjean
* **Belle épouvante, La,** Lalonde, Robert
* **Black Magic,** Fontaine, Rachel
* **Cœur sur les lèvres, Le,** Beaudin-Beaupré, Aline
* **Confessions d'un enfant d'un demi-siècle,** Lamarche, Claude
* **Coup de foudre,** Brouillet, Chrystine
* **Couvade, La,** Baillie, Robert
* **Danseuses et autres nouvelles, Les,** Atwood, Margaret
* **Double suspect, Le,** Monette, Madeleine
* **Entre temps,** Marteau, Robert
* **Et puis tout est silence,** Jasmin, Claude
* **Été sans retour, L',** Gevry, Gérard
* **Filles de beauté, Des,** Baillie, Robert
* **Fleur aux dents, La,** Archambault, Gilles
* **French Kiss,** Brossard, Nicole
* **Fridolinades, T. 1, (1945-1946),** Gélinas, Gratien
* **Fridolinades, T. 2, (1943-1944),** Gélinas, Gratien
* **Fridolinades, T. 3, (1941-1942),** Gélinas, Gratien
* **Fridolinades, T. 4, (1938-39-40),** Gélinas, Gratien
* **Grand rêve de Madame Wagner, Le,** Lavigne, Nicole
* **Héritiers, Les,** Doyon, Louise
* **Hier, les enfants dansaient,** Gélinas, Gratien
* **Holyoke,** Hébert, François
* **IXE-13,** Saurel, Pierre
* **Jérémie ou le Bal des pupilles,** Gendron, Marc
* **Livre, Un,** Brossard, Nicole
* **Loft Story,** Sansfaçon, Jean-Robert
* **Maîtresse d'école, La,** Dessureault, Guy
* **Marquée au corps,** Atwood, Margaret
* **Mensonge de Maillard, Le,** Lavoie, Gaétan
* **Mémoire de femme, De,** Andersen, Marguerite
* **Mère des herbes, La,** Marchessault, Jovette
* **Mrs Craddock,** Maugham, W. Somerset
* **Nouvelle Alliance, La,** Fortier, Jacques
* **Nuit en solo,** Pollak, Véra
* **Ours, L',** Engel, Marian
* **Passeport pour la liberté,** Beaudet, Raymond
* **Petites violences,** Monette, Madeleine
* **Père de Lisa, Le,** Fréchette, José
* **Plaisirs de la mélancolie,** Archambault, Gilles
* **Pop Corn,** Leblanc, Louise
* **Printemps peut attendre, Le,** Dahan, Andrée
* **Rose-Rouge,** Pollak, Véra
* **Sang de l'or, Le,** Leblanc, Louise
* **Sold Out,** Brossard, Nicole
* **Souffle de l'Harmattan, Le,** Trudel, Sylvain
* **So Uk,** Larche, Marcel
* **Triangle brisé, Le,** Latour, Christine
* **Vaincre sans armes,** Descarries, Michel et Thérèse
* **Y'a pas de métro à Gélude-la-Roche,** Martel, Pierre